キータイピングは、人差し指から小指まで、合計8本の指で行うのが基本です。
各指が担当するキーは以下の通りです。
スムーズなタイピングが行えるように指のポジションを覚えましょう。

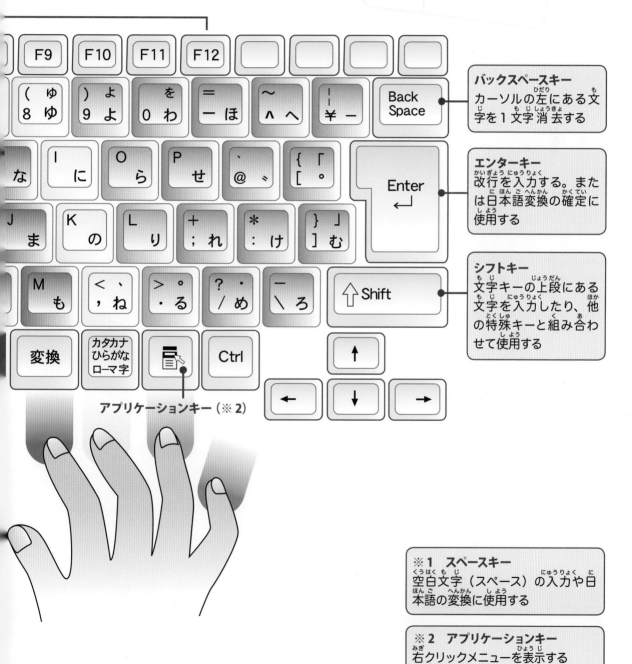

バックスペースキー
カーソルの左にある文字を1文字消去する

エンターキー
改行を入力する。または日本語変換の確定に使用する

シフトキー
文字キーの上段にある文字を入力したり、他の特殊キーと組み合わせて使用する

アプリケーションキー（※2）

※1　スペースキー
空白文字（スペース）の入力や日本語の変換に使用する

※2　アプリケーションキー
右クリックメニューを表示する

留学生のための
りゅう　がく　せい

PowerPoint
ドリルブック

PowerPoint 2016 対応

もくじ

本書に掲載している問題の「入力用ファイル」や「完成例のファイル」は、
以下の URL からダウンロードできます。

◆ PowerPoint ファイルのダウンロード URL
  http://cutt.jp/books/978-4-87783-799-0/sample.zip

PowerPointの基礎知識

1.1 PowerPointの基本用語

1. PowerPointの画面について、名称を（　　　）に答えましょう。

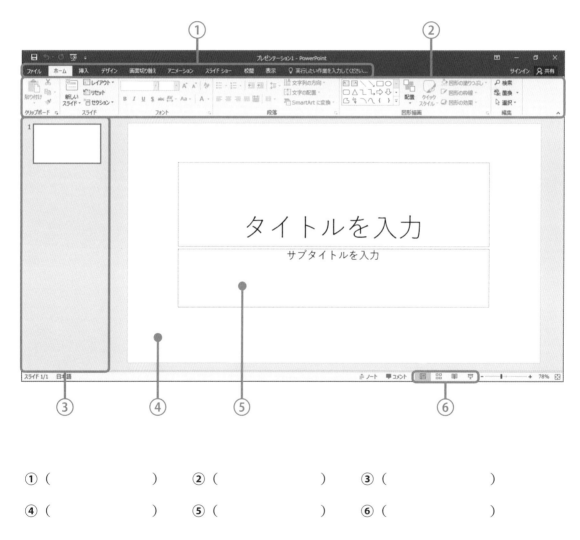

① （　　　　　　　　　） ② （　　　　　　　　　） ③ （　　　　　　　　　）

④ （　　　　　　　　　） ⑤ （　　　　　　　　　） ⑥ （　　　　　　　　　）

※ 解答は P8 に掲載

タイトルバーの構成は以下の図のようになっています。

クイックアクセスツールバー　　　ファイル名（プレゼンテーション名）　　　リボンの表示オプション

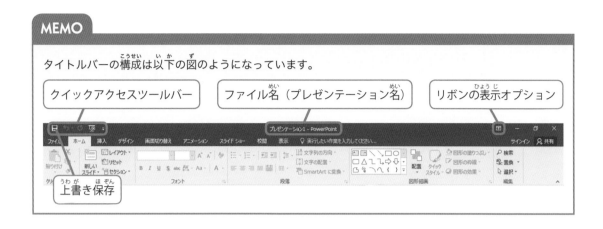

上書き保存

1.2　ファイルの操作

1.　テンプレート「ガーデン　シャボンのデザイン」を開きましょう。

テンプレートとは、書式やデザインがセットされているファイルのことです。
内容を書き換えるだけで、プレゼンテーションを作成できます。

2.　名前を付けてファイルに保存しましょう。
　　ファイル名：「ガーデン　シャボンのデザイン」

テンプレートを開くときの操作手順は、以下の図に示したとおりです。

①［ファイル］タブを選択

②「新規」を選択

③「テーマ」などで検索

④テンプレートを選択

⑤クリック

< 1.1 の解答 >

1. ①タブ　　　　　　②リボン　　　　　　③スライド（サムネイル）
　　④スライドペイン　⑤プレースホルダー　⑥表示モード

1.3 表示モードとスライドの操作

　P7 の 1.2 で保存したファイルを開き、「表示モード」と「スライドの並べ替え」について確認しましょう。

1. 標準

　スライドを編集するときに使用します。

（1）　サムネイルをクリックして、編集中のスライドを移動しましょう。
（2）　サムネイルをドラッグして、スライドの順番を並べ替えましょう。

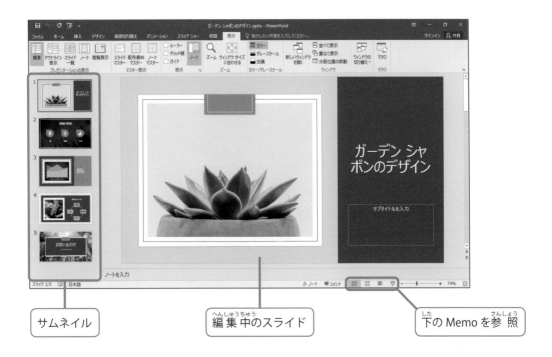

| サムネイル | 編集中のスライド | 下の Memo を参照 |

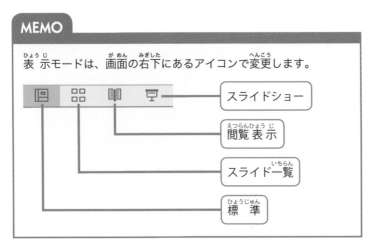

MEMO

表示モードは、画面の右下にあるアイコンで変更します。

- スライドショー
- 閲覧表示
- スライド一覧
- 標準

2. スライド一覧

すべてのスライドを一覧表示するときに使用します。

（3）サムネイルをドラッグして、スライドの順番を並べ替えましょう。

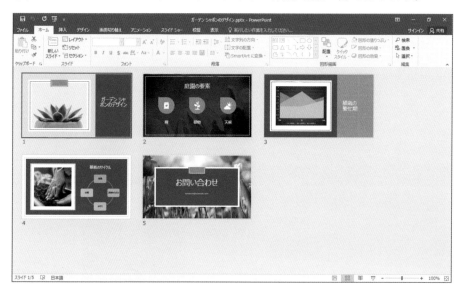

3. 閲覧表示

「アニメーション」や「画面切り替え」を確認するときに使用します。PowerPoint のウィンドウ内にスライドショーが表示されます。

（4）スライドを移動しましょう。

（PowerPoint ウィンドウ内）

スライドの移動

4. スライドショー

プレゼンテーションを行うときに使用します。スライドが全画面に表示されます。[Esc]
キーで終了します。

(5) スライドを移動しましょう。

（**全画面**）

ガーデン シャ
ボンのデザイン

MEMO

閲覧表示およびスライドショーでは次の操作でスライドを移動します。
・進む .... [Enter]キー、[→]キー、[↓]キー
・戻る .... [BackSpace]キー、[←]キー、[↑]キー

MEMO

スライドのサイズは[デザイン]タブにある「スライドのサイズ」で確認します。最初は「ワイド画面
(16:9)」が設定されています。必要に応じて変更できます。

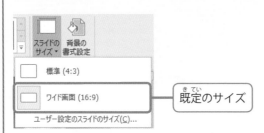

既定のサイズ

ここでは、「標準」または「スライド一覧」の表示モードでスライドの操作を練習します。

1. サムネイルを選択し、スライドを複製しましょう。

 **「標準」の操作例**

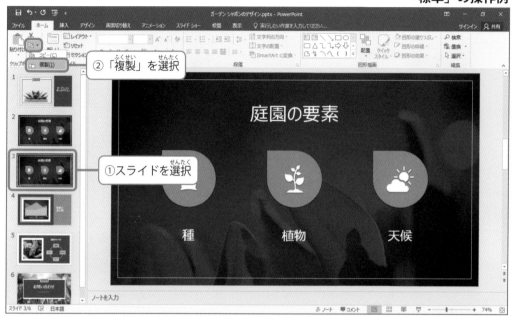

② 「複製」を選択

① スライドを選択

2. サムネイルを選択し、スライドをコピーしてから貼り付けましょう。貼り付ける際に「貼り付けのオプション」を指定することもできます。

「スライド一覧」の操作例

① 「コピー」コマンドから「コピー」を選択
※ [Ctrl] + [C] キーでもコピーできます。

② 「貼り付け」コマンドから「貼り付けのオプション」を選択
※ 元の書式を保持する場合は、「元の書式を保持」にします。
※ [Ctrl] + [V] キーでも貼り付けられます。

3. サムネイルを選択し、[Delete] キーを押してスライドを削除しましょう。

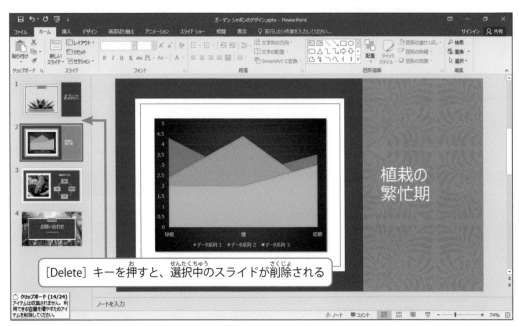

[Delete] キーを押すと、選択中のスライドが削除される

Step 02 テキストの入力

ここで使用する主なコマンドは下記のとおりです。

2.1 タイトルスライド作成

1. 新規に、次のようなタイトルスライドを作成しましょう。

＜完成例＞

■タイトルのプレースホルダー

文字の書式 .... HGP 創英角ポップ体、96pt、（暗めの）オレンジ

図形の塗りつぶし .... （明るめの）オレンジ

■サブタイトルのプレースホルダー
　　　文字の書式 .... HGP 創英角ゴシック UB、32pt、オレンジ
　　　図形の塗りつぶし .... (暗めの) 緑

＜手順＞

（1）　PowerPoint を起動し、「新しいプレゼンテーション」を選択します。

（2）　タイトルスライドのプレースホルダーをクリックし、タイトルに「かぼちゃ」、サブ
　　　タイトルに「カットシステム」と入力します。

（3）　入力した文字を選択し、「フォント」グループにあるコマンドを使用して文字の書
　　　式を指定します。

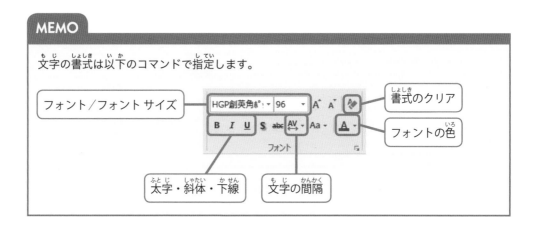

（4）　プレースホルダーを選択し、「図形の塗りつぶし」から色を選択します。

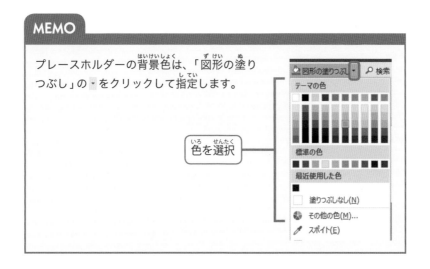

(5) ［デザイン］タブにある「背景の書式設定」を使用して、背景に「紙」のテクスチャを指定します。

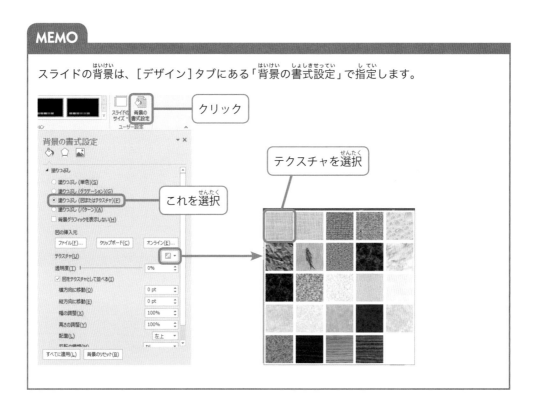

2.2 新しいスライドの追加

1. タイトルスライドの後ろに、「2つのコンテンツ」のスライドを追加しましょう。

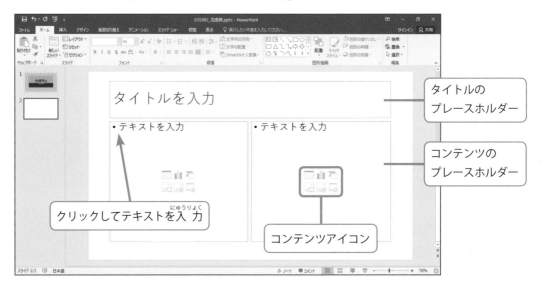

MEMO

スライドを追加するときは以下のように操作します。挿入したスライドのレイアウトを後から変更することも可能です。

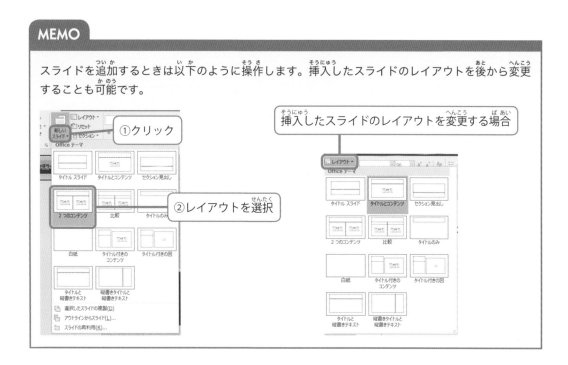

2.3 箇条書き

1. 2.2 で追加したスライドを次のように編集しましょう。

＜完成例＞

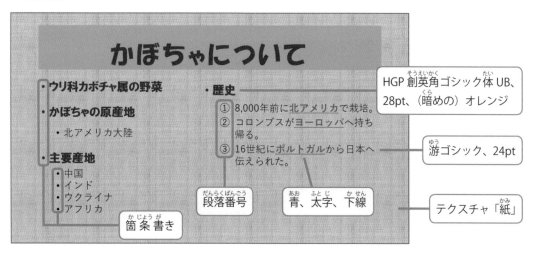

■タイトルのプレースホルダー

    文字の書式 .... HGP 創英角ポップ体、60pt、（暗めの）オレンジ
    文字の配置 .... 中央揃え
    図形の塗りつぶし .... （明るめの）オレンジ

(1) 背景に「紙」のテクスチャを指定します。

(2) タイトルのプレースホルダーをクリックし、「かぼちゃについて」と入力します。その後、文字の書式を指定し、「図形の塗りつぶし」の色を選択します。

(3) コンテンツ用のプレースホルダーをクリックし、以下の文字を入力します。

■左のプレースホルダー　　　■右のプレースホルダー

ウリ科カボチャ属の野菜　　　歴史

かぼちゃの原産地　　　　　8,000年前に北アメリカで栽培。

北アメリカ大陸　　　　　コロンブスがヨーロッパへ持ち帰る。

主要産地　　　　　　　16世紀にポルトガルから日本へ伝えられた。

中国

インド

ウクライナ

アフリカ

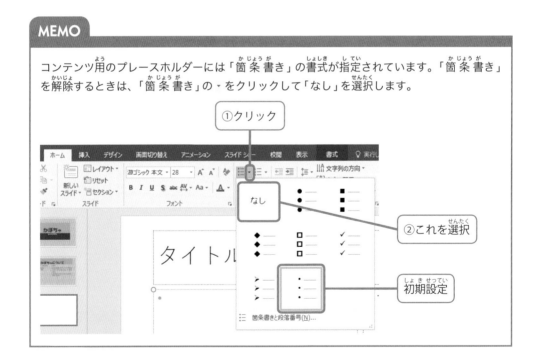

MEMO

コンテンツ用のプレースホルダーには「箇条書き」の書式が指定されています。「箇条書き」を解除するときは、「箇条書き」の・をクリックして「なし」を選択します。

(4) 「北アメリカ大陸」と「中国」～「アフリカ」の段落を選択し、「箇条書き」のレベルを1つ下げましょう。

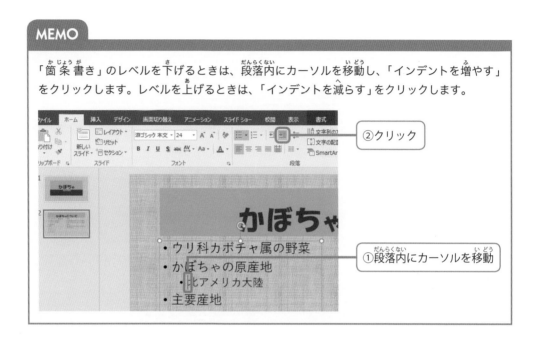

「箇条書き」のレベルを下げるときは、段落内にカーソルを移動し、「インデントを増やす」をクリックします。レベルを上げるときは、「インデントを減らす」をクリックします。

(5) 「8,000年前……」～「16世紀に……」の段落を選択し、「箇条書き」のレベルを1つ下げたあと、段落番号を指定します。

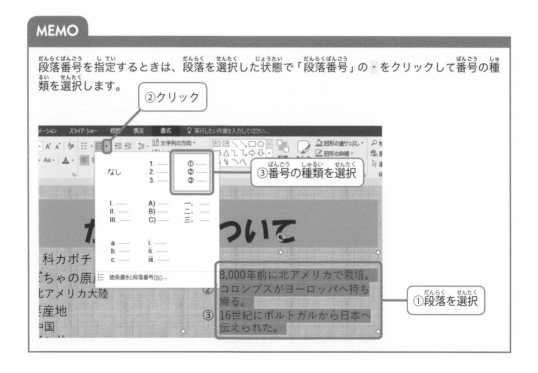

段落番号を指定するときは、段落を選択した状態で「段落番号」の▼をクリックして番号の種類を選択します。

(6)「ウリ科カボチャ属の野菜」、「かぼちゃの原産地」、「主要産地」、「歴史」の文字を選択し、完成例のように文字の書式を指定します。

(7)「北アメリカ」、「ヨーロッパ」、「ポルトガル」の文字を選択し、完成例のように文字の書式を指定します。

(8) 行間を調整します。

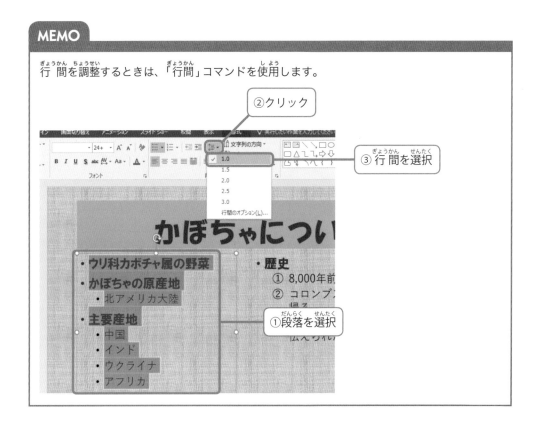

1. 新規に、次のようなタイトルスライドを作成しましょう。

＜完成例＞

テクスチャ
「ピンクの画用紙」

■**タイトルのプレースホルダー**

文字の書式 .... メイリオ、80pt、白、太字

図形の塗りつぶし .... 赤

文字の間隔 .... より広く

■**サブタイトルのプレースホルダー**

文字の書式 .... メイリオ、28pt、黄

図形の塗りつぶし .... 緑

文字の配置 .... 上下中央揃え

＜手順＞

（1）PowerPoint を起動し、「新しいプレゼンテーション」を選択します。

（2）タイトルスライドのプレースホルダーをクリックし、テキストを入力します。
タイトルに「トマト」、サブタイトルに「カットシステム」と入力します。

（3）入力した文字を選択し、「フォント」グループにあるコマンドを使用して文字の書式を指定します。

（4）プレースホルダーを選択し、「図形の塗りつぶし」から色を選択します。

（5）［デザイン］タブにある「背景の書式設定」を使用して、背景に「ピンクの画用紙」のテクスチャを指定します。

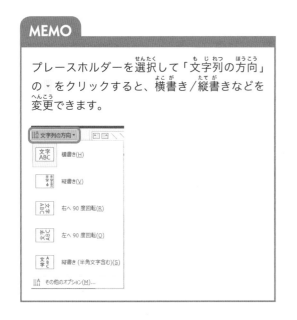

2. タイトルスライドの後ろに新しいスライドを追加し、次のように編集しましょう。

＜完成例＞

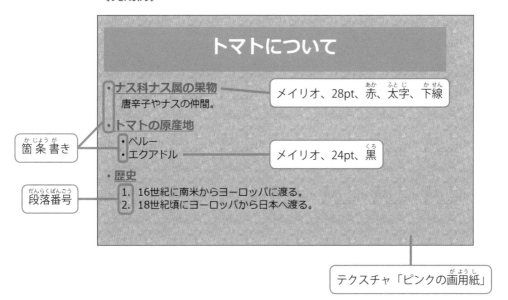

■タイトルのプレースホルダー

　文字の書式 .... メイリオ、44pt、白、太字

　文字の配置 .... 中央揃え

　図形の塗りつぶし .... 緑

(1) 背景に「ピンクの画用紙」のテクスチャを指定します。

(2) タイトルスライドのプレースホルダーをクリックし、「トマトについて」と入力します。その後、文字の書式を指定し、「図形の塗りつぶし」の色を選択します。

(3) コンテンツ用のプレースホルダーをクリックし、以下の文字を入力します。

> ナス科ナス属の果物
> 唐辛子やナスの仲間。
> トマトの原産地
> ペルー
> エクアドル
> 歴史
> 16 世紀に南米からヨーロッパに渡る。
> 18 世紀頃にヨーロッパから日本へ渡る。

(4) 「唐辛子やナスの仲間。」と「ペルー」、「エクアドル」の段落を選択し、「箇条書き」のレベルを 1 つ下げます。「ペルー」、「エクアドル」に「塗りつぶし丸の行頭文字」を指定します。

(5) 「16 世紀に……」と「18 世紀頃に……」の段落を選択し、「箇条書き」のレベルを 1 つ下げたあと、段落番号を指定します。

(6) 文字を選択し、完成例のように文字の書式を指定します。

(7) 行間を調整します。「ナス科ナス属の果物」、「トマトの原産地」、「歴史」の前は 1.5、それ以外は 1.0 にします。

Step 03 画像と図形

ここで使用する主なコマンドは下記のとおりです。

3.1 画像の挿入

1. ステップ 02 で作成したプレゼンテーションを開き、2 枚目のスライドをコピーして、次のようなスライドを作成しましょう。

＜完成例＞

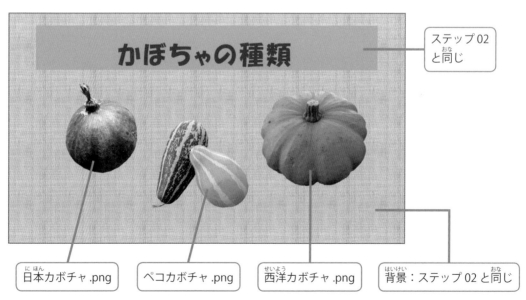

ステップ 02 と同じ

日本カボチャ .png

ペコカボチャ .png

西洋カボチャ .png

背景：ステップ 02 と同じ

(1) ステップ 02 で作成したプレゼンテーションを開き、2枚目のスライドをコピーします。貼り付けのオプションは「元の書式を保持」にします。

(2) スライドのタイトルをクリックし、「かぼちゃの種類」と入力します。

(3) ステップ 02 のプレースホルダーを削除します。完成例のように画像を挿入し、サイズと位置を調整します。

MEMO

スライドに画像を挿入するときは、以下のいずれかの操作を行います。

・［挿入］タブにある「画像」をクリックし、挿入する画像を選択します。

・プレースホルダー内に画像を挿入するときは、「画像の挿入」のコンテンツアイコンをクリックし、挿入する画像を選択します。

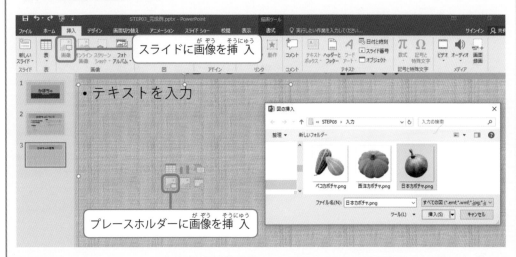

MEMO

画像の位置を移動させるときは、画像をドラッグします。画像のサイズを変更するときは、四角のハンドルをドラッグします。回転ハンドルをドラッグして、画像を回転させることも可能です。

回転ハンドル

サイズ変更

次のような方法でスライドに画像を挿入できます。

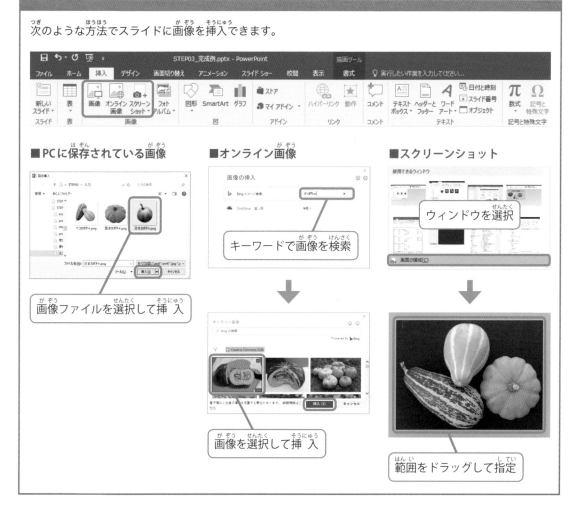

1. 3.1 で作成したスライドに図形を挿入し、下記のように編集しましょう。

　　　　＜完成例＞

　　　　「角丸四角形」の図形

　　■**図形の書式**
　　　　　文字の書式 .... 游ゴシック、28pt、白
　　　　　図形の塗りつぶし .... 赤
　　　　　図形の枠線 .... 青、太さ 3pt

　　＜手 順＞

(1) ［挿入］タブにある「図形」をクリックし、「四角形：角を丸くする」を選択します。

(2) ドラッグして図形を描画します。

(3) 図形をクリックして選択し、それぞれの図形に「日本カボチャ」、「ペコカボチャ」、「西洋カボチャ」と文字を入力します。

(4) 図形内の文字を選択して、文字の書式を指定します。

(5) 図形を選択し、［書式］タブにある「図形の塗りつぶし」と「図形の枠線」を使って、図形の書式を指定します。

(6) 図形の位置を調整します。

スライドに図形を挿入するときは、[挿入]タブを選択し、以下のように操作します。挿入した図形を編集するときは、[書式]タブを使います。

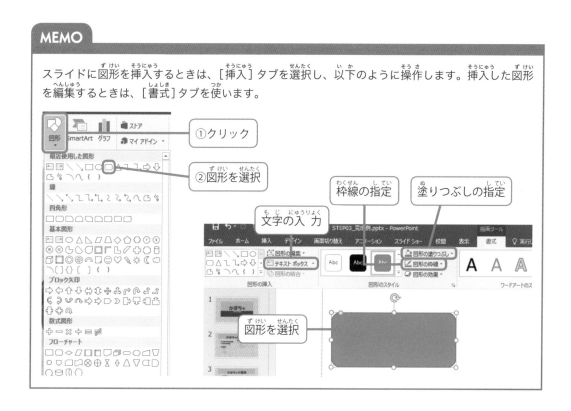

3.3 総合問題

1. 3.2 で作成したプレゼンテーションを開き、次のようなスライドを 4 枚目に追加しましょう。

<完成例>

塗りつぶし（単色）：黒

「月」と「星」の図形

「吹き出し：円形」の図形

「西洋カボチャ.png」と「図形」で作成

■タイトルのプレースホルダー

ワードアートのスタイル .... 塗りつぶし：薄い灰色、背景色 2;影 (内側)

文字の塗りつぶし .... 濃い赤

文字の輪郭 .... 赤

文字の書式 .... 太字、96pt、游ゴシック（本文）、段落：中央揃え

■「月」と「星」の図形

図形の書式 .... 塗りつぶし & 枠線の色：黄

■カボチャの画像上の図形

▲の書式 .... 塗りつぶし & 枠線の色：黒

台形の書式 .... 塗りつぶし & 枠線の色：赤

▽の書式 .... 塗りつぶし & 枠線の色：白

■吹き出し：円形

図形の書式 .... 塗りつぶし & 枠線の色：紫

文字の書式 .... 黄 & 赤、太字、游ゴシック本文、60pt

文字の効果 .... 変形：大波 1（上ワープ）

＜手 順＞

(1) ［挿入］タブにある「新しいスライド」をクリックし、「タイトルのみ」のスライドを挿入します。

(2) スライドタイトルのプレースホルダーをクリックし、「ハロウィン」と入力します。

(3) 「ハロウィン」の文字を選択し、［書式］タブにある「ワードアートのスタイル」を指定します。「ワードアートのスタイル」の指定方法は P30 の Memo を参照してください。文字の塗りつぶし、輪郭、書式を設定します。

(4) ［デザイン］タブにある「背景の書式設定」を使って、スライドの背景に色を指定します。

(5) 「西洋カボチャ .png」の画像を挿入し、サイズと位置を調整します。

(6) かぼちゃの顔になる図形を挿入します。各図形の書式を指定し、サイズと位置を調整します。

(7) 「円形吹き出し」の図形を挿入します。図形内に「TRICK OR TREATE」と入力し、書式を指定します。「文字の効果」の指定方法は P30 の Memo を参照してください。

(8) ［挿入］タブにある「図形」をクリックして「月」と「星」の図形を挿入し、書式を指定します。その後、「星」の図形をコピーして、バランスよく配置します。

図形をコピーするときは、以下のいずれかの操作を行います。

・図形を選択して[Ctrl]+[C]キーを押します。その後、[Ctrl]+[V]キーで図形を貼り付けます。
・図形を選択し、[Ctrl]キーを押しながらドラッグします。

「ワードアートのスタイル」を指定するときは、以下のように操作します。

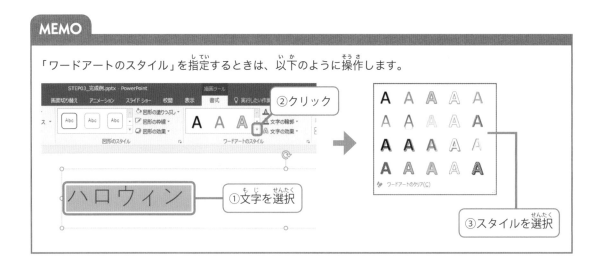

「文字の効果」を指定するときは、以下のように操作します。

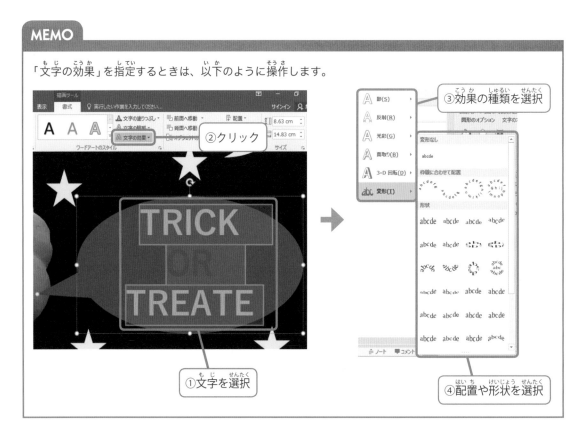

30

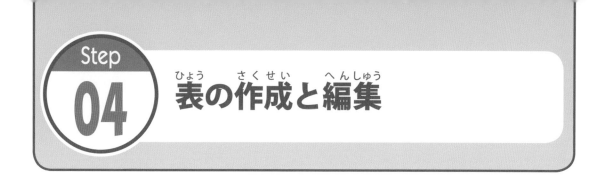

Step 04　表の作成と編集

ここで使用する主なコマンドは下記のとおりです。

4.1　表の挿入

1.　「STEP04_入力.pptx」を開き、1枚目のスライドを次のように編集しましょう。

＜完成例＞

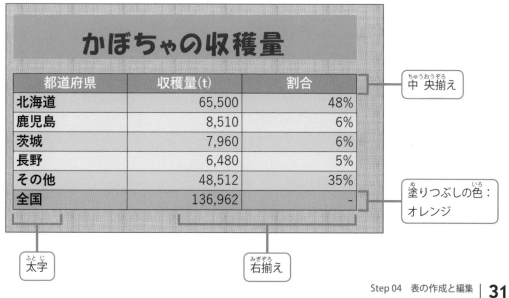

■ 表 全体の書式

表のスタイル .... 中間スタイル 2 - アクセント 6
文字の書式 .... 游ゴシック、32pt
罫線 .... 格子

＜手順＞

(1) 1枚目のスライドを選択し、7行3列の表を挿入します。

(2) 完成例を参考に、表に文字と数値を入力します。
　　　　タイトル行：都道府県、収穫量 (t)、割合
　　　　都道府県：北海道、鹿児島、茨城、長野、その他、全国

(3) 表を選択し、「表のスタイル」を指定します。さらに、表の罫線を指定します。

(4) 表 全体を選択し、フォントと文字サイズを指定します。

(5) 表の「タイトル行」を中央揃え、「収穫量 (t)」と「割合」の数値を右揃えに指定します。

(6) 都道府県の列を選択し、太字にします。

(7) 「全国」の行を選択し、「塗りつぶし」の色を指定します。

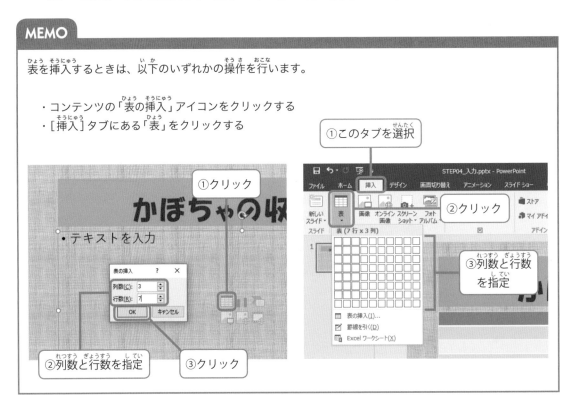

MEMO

表を挿入するときは、以下のいずれかの操作を行います。

・コンテンツの「表の挿入」アイコンをクリックする
・［挿入］タブにある「表」をクリックする

表を選択すると、表ツールの［デザイン］タブが表示され、「表のスタイル」や「塗りつぶし」、「罫線」などを指定できるようになります。

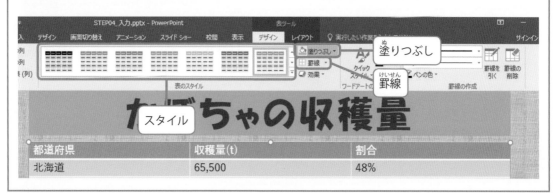

セル内の「文字の配置」は、表ツールの［レイアウト］タブで指定します。

4.2 表の編集

1. 4.1 で作成したスライドをコピーして、下記のように表を編集しましょう。

＜完成例＞

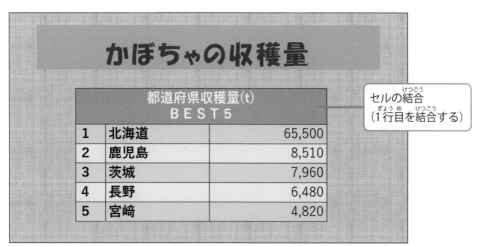

■行と列の編集

- 「割合」の列を削除
- 「その他」と「全国」の行を削除
- 左に「番号」の列を挿入
- 下に「宮崎」の行を追加

＜手順＞

(1) 4.1で作成したスライドをコピーします。

(2) 「割合」の列を選択し、［レイアウト］タブにある「削除」を使って列を削除します。

(3) 同様の手順で、「その他」と「全国」の行を削除します。

(4) 5行目を選択し、［レイアウト］タブにある「下に行を挿入」をクリックします。続いて、「宮崎」「4,820」と入力します。

(5) 1列目を選択し、［レイアウト］タブにある「左に列を挿入」をクリックします。続いて、1～5の数字を入力します。

(6) 1行目のセルをすべて選択し、［レイアウト］にある「セルの結合」をクリックします。続いて、セル内の文字を「都道府県別収穫量(t) ＢＥＳＴ５」に変更します。

(7) 「列の幅」と「行の高さ」を調整します。

MEMO

列（または行）を削除したり、挿入したりするときは以下のように操作します。

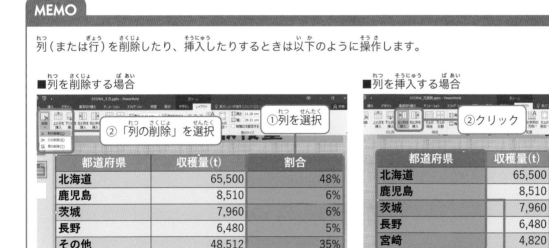

■列を削除する場合

②「列の削除」を選択

都道府県	収穫量(t)	割合
北海道	65,500	48%
鹿児島	8,510	6%
茨城	7,960	6%
長野	6,480	5%
その他	48,512	35%

■列を挿入する場合

①列を選択 / ②クリック

都道府県	収穫量(t)
北海道	65,500
鹿児島	8,510
茨城	7,960
長野	6,480
宮崎	4,820

①列を選択

- 行を削除するときは、行を選択した状態で「行の削除」を選択します。
- 表全体を削除するときは、「表の削除」を選択します。
- 行を挿入するときは、基準となる行を選択し、「上に行を挿入」または「下に行を挿入」をクリックします。

セルを結合するときは、以下のように操作します。

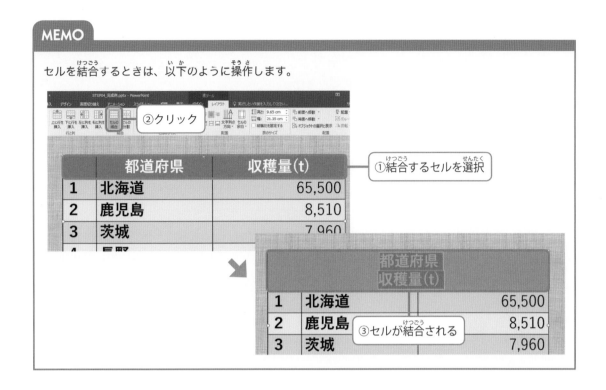

4.3 総合問題

1. 4.2 で作成したスライドをコピーして、下記のようなスライドを作成しましょう。

＜完成例＞

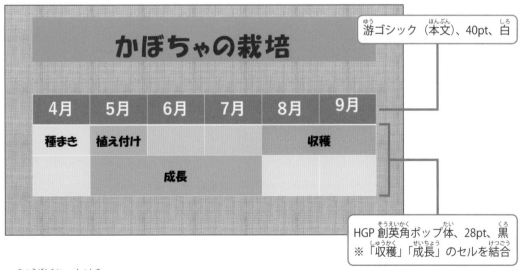

游ゴシック（本文）、40pt、白

HGP 創英角ポップ体、28pt、黒
※「収穫」「成長」のセルを結合

■ 表 全体の書式

文字の配置 .... 中央揃え・上下中央揃え

セルの塗りつぶし .... 任意

(1) 4.2で作成したスライドをコピーします。

(2) コピーしたスライドにある表を削除します。

(3) タイトルのプレースホルダーをクリックし、「かぼちゃの栽培」と入力します。

(4) 3行6列の表を挿入します。

(5) 以下の文字を入力し、書式を指定します。
    1行目：4月、5月、6月、7月、8月、9月
    2行目：種まき、植え付け、収穫
    3行目：成 長

(6) 完成例のように「収穫」と「成長」のセルを結合します。

(7) 表 全体を選択し、文字の配置を指定します。

(8) 各セルの「塗りつぶし」の色を指定します。

(9) 「列の幅」と「行の高さ」を調整します。

(10) フォントと文字のサイズを指定します。

※ 参考資料：作 況 調 査（野菜）－第1報（農林水産省）
   http://www.maff.go.jp/j/tokei/kouhyou/sakumotu/sakkyou_yasai/ のデータを加工して作成

グラフの作成と編集

ここで使用する主なコマンドは下記のとおりです。

5.1 グラフの挿入

1. 「STEP05_入力.pptx」を開き、1枚目のスライドに次のようなグラフを挿入しましょう。

＜完成例＞

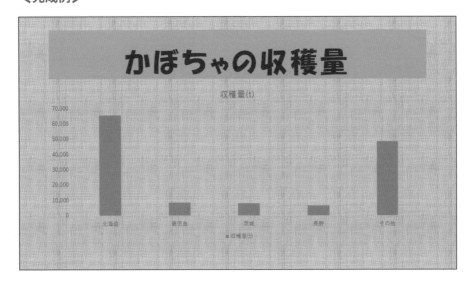

■グラフ全体の書式

グラフの種類 .... 集合縦棒

■グラフのデータ

都道府県	収 獲量 (t)
北海道	65,500
鹿児島	8,510
茨 城	7,960
長野	6,480
その他	48,512

＜手 順＞

（1）1枚目のスライドを選択し、集合縦棒のグラフを挿入します。

（2）データを入力し、データの範囲を指定します。

MEMO

グラフを挿入するときは、以下のいずれかの操作を行います。

・コンテンツの「グラフの挿入」アイコンをクリックする
・［挿入］タブにある「グラフ」をクリックする

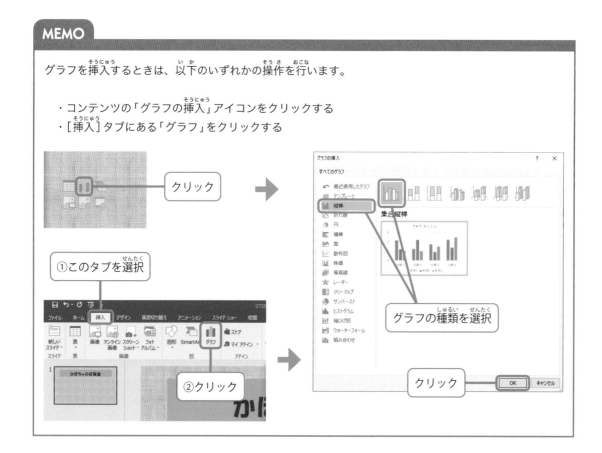

MEMO

挿入されたグラフは、以下の手順でデータを変更します。

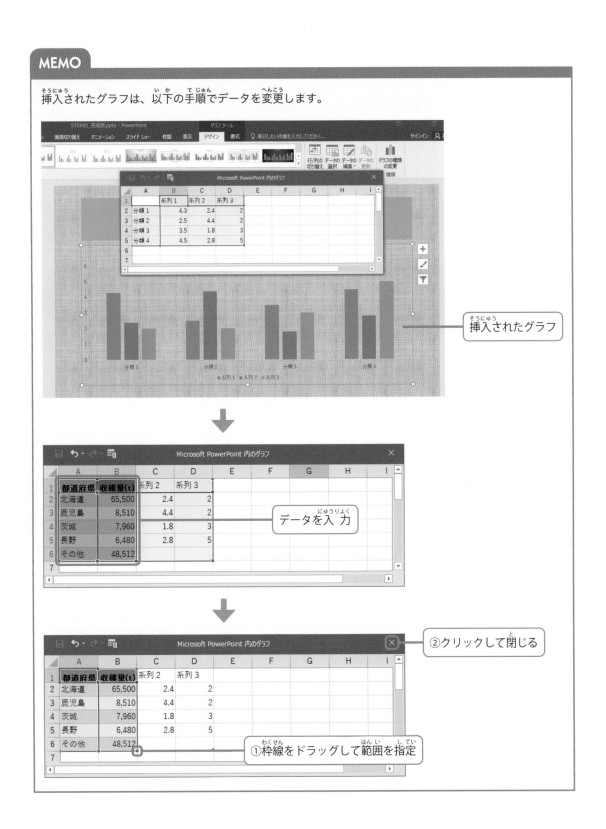

挿入されたグラフ

データを入力

②クリックして閉じる

①枠線をドラッグして範囲を指定

1. 5.1で作成したスライドをコピーして、下記のようにグラフを編集しましょう。

＜完成例＞

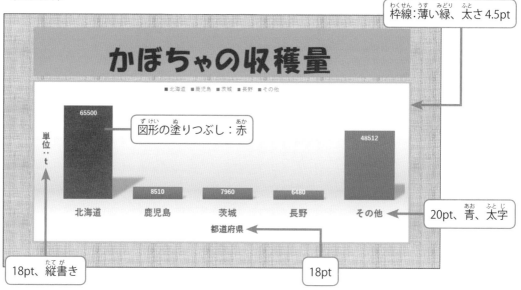

枠線：薄い緑、太さ 4.5pt

図形の塗りつぶし：赤

20pt、青、太字

18pt、縦書き

18pt

■**グラフ全体の書式**

クイックレイアウト .... レイアウト 4

グラフスタイル .... スタイル 4

グラフの色 .... カラフルなパレット 3

＜手順＞

(1) 5.1で作成したスライドをコピーします。貼り付けオプションは「元の書式を保持」にします。

(2) グラフツールの［デザイン］タブにある「クイックレイアウト」で、レイアウトを指定します。

(3) グラフツールの［デザイン］タブにある「グラフスタイル」で、スタイルを指定します。

(4) グラフツールの［デザイン］タブにある「色の変更」で、グラフの色を指定します。

(5) グラフツールの［デザイン］タブにある「グラフ要素の追加」で、軸ラベルを追加し、テキストを入力します。第1縦軸ラベルは、［ホーム］タブにある「文字列の方向」で「縦書き」にします。

第1縦軸ラベル .... 単位：t

第1横軸ラベル .... 都道府県

(6) ［ホーム］タブで文字の書式を指定します。

(7) グラフエリアを選択し、［書式］タブで枠線の書式を指定します。

(8) 「北海道」のグラフを2回クリックして、［書式］タブで「図形の塗りつぶし」を指定します。

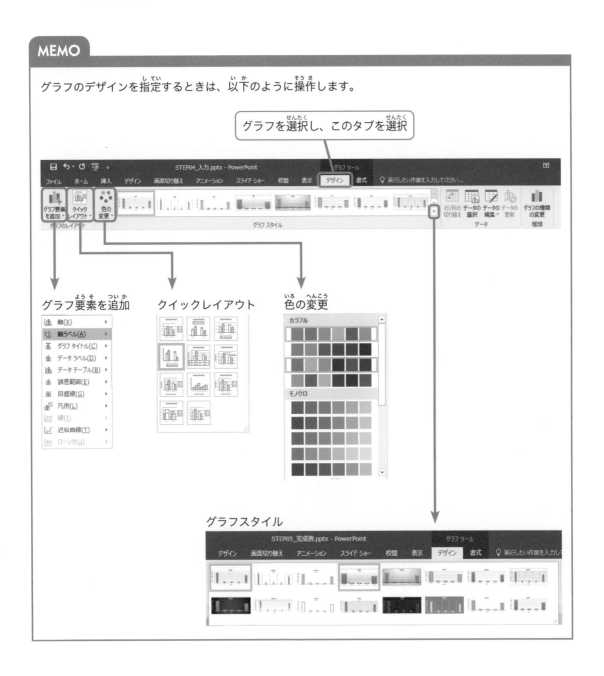

グラフの書式を指定するときは、以下のように操作します。

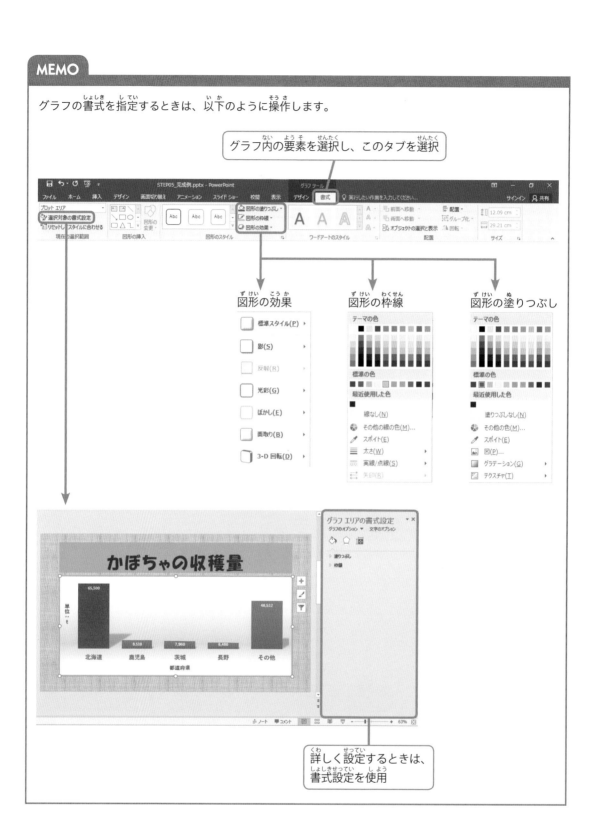

5.3 グラフの種類の変更

1. 5.2 で作成したスライドをコピーして、下記のようにグラフを編集しましょう。

＜完成例＞

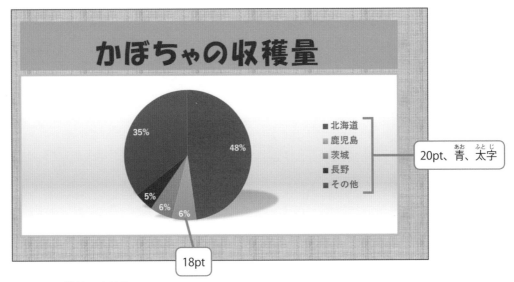

20pt、青、太字

18pt

■**グラフ全体の書式**

    グラフの種類 .... 円

    クイックレイアウト レイアウト6

＜手順＞

(1) 5.2 で作成したスライドをコピーします。貼り付けオプションは「元の書式を保持」にします。

(2) グラフツールの［デザイン］タブにある「グラフ種類の変更」を使って「グラフの種類」を変更します。

(3) グラフツールの［デザイン］タブの「クイックレイアウト」で、レイアウトを指定します。

(4) グラフタイトル「収穫量 (t)」を削除します。

(5) ［ホーム］タブで文字の書式を指定します。

「グラフの種類」を変更するときは、以下のように操作します。

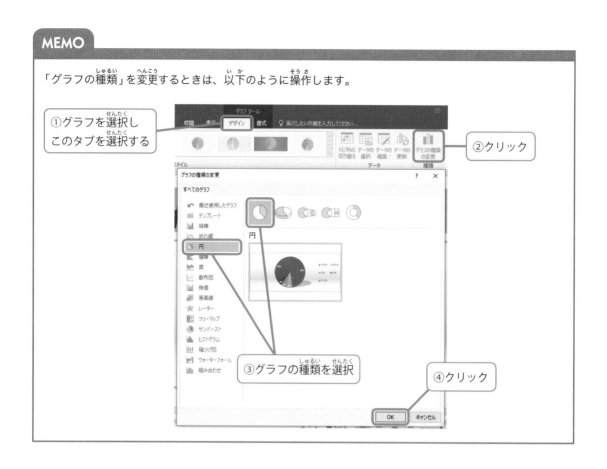

5.4 総合問題

1. 5.3で作成したスライドをコピーして、次のようなスライドを作成しましょう。

＜完成例＞

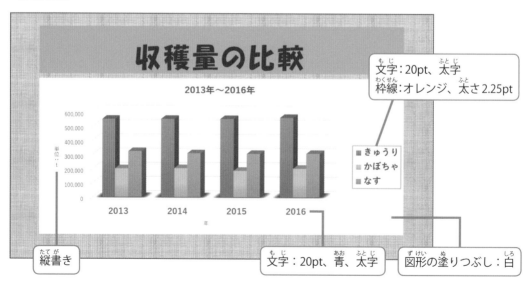

■グラフ全体の書式

グラフの種類 .... 3-D 集合縦棒

クイックレイアウト .... レイアウト 9

グラフスタイル .... スタイル 11

グラフの色 .... カラフルなパレット 3

■グラフのデータ

年	きゅうり	かぼちゃ	なす
2013	548,800	200,000	322,700
2014	549,900	202,400	308,900
2015	550,300	185,300	306,000
2016	559,500	201,300	307,800

＜手 順＞

(1) 5.3で作成したスライドをコピーします。貼り付けオプションは「元の書式を保持」にします。

(2) グラフを削除し、スライドタイトルに「収穫量の比較」と入力します。

(3) 「3-D 集合縦棒」のグラフを挿入します。データを入力し、データの範囲を指定します。

(4) グラフツールの［デザイン］タブにある「グラフスタイル」で、スタイルを指定します。

(5) グラフツールの［デザイン］タブにある「クイックレイアウト」で、レイアウトを指定します。

(6) グラフツールの［デザイン］タブにある「色の変更」で、グラフの色を指定します。

(7) グラフタイトルに「2013年～2016年」と入力します。

(8) 第1横軸ラベルに「年」と入力します。

(9) 第1縦軸ラベルに「単位：t」と入力し、縦書きにします。

(10)「凡例」を選択し、［書式］タブで枠線の書式を指定します。

(11)「グラフエリア」を選択し、［書式］タブで「図形の塗りつぶし」を指定します。

(12)［ホーム］タブで文字の書式を指定します。

※ 参考資料：作況調査（野菜）－第1報（農林水産省）
http://www.maff.go.jp/j/tokei/kouhyou/sakumotu/sakkyou_yasai/ のデータを加工して作成

SmartArtの作成と編集

ここで使用する主なコマンドは下記のとおりです。

6.1 SmartArtの挿入

1. 「STEP06_入力.pptx」を開き、1枚目のスライドを次のように編集しましょう。

＜完成例＞

SmartArt：
手順→画像付きプロセス

（1）1枚目のスライドを選択し、SmartArt（手順→画像付きプロセス）を挿入します。

（2）完成例を参考に、以下のテキストを入力します。

・芽が出る
  ・カボチャの種を植えると2～3日で芽が出ます。
・つるが伸びる
  ・水をやります。
  ・つるが伸びたら、切ります。
・花が咲く
  ・黄色の花が咲きます。
・実がなる
  ・4週間くらいで大きくなります。

（3）完成例を参考に、以下の画像を挿入します。

  1_芽.jpg   2_つる.jpg   3_花.jpg   4_実.jpg

MEMO

SmartArtを挿入するときは、以下のいずれかの操作を行います。

・コンテンツの「SmartArtグラフィックの挿入」アイコンをクリックする
・[挿入]タブにある「SmartArt」をクリックする

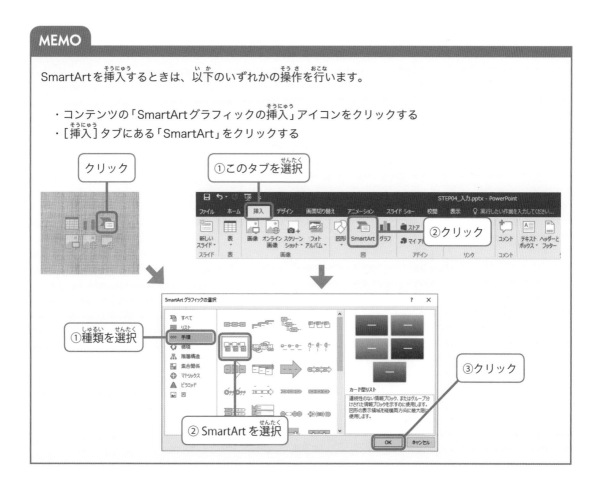

図形内のテキストは、SmartArtツールの[デザイン]タブで、テキストウィンドウを表示して入力します。

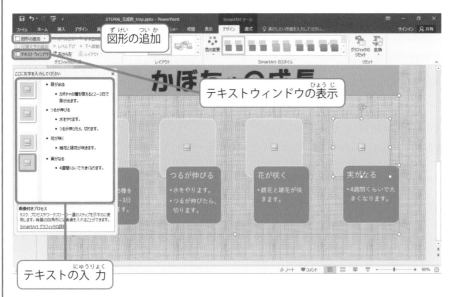

・箇条書きを追加するときは、行頭文字の追加をクリックします。
・削除するときは[Delete]キーを使用します。
・一番上のレベルの行頭文字を追加すると、図形が追加されます。

図形に画像を挿入するときは、以下のように操作します。

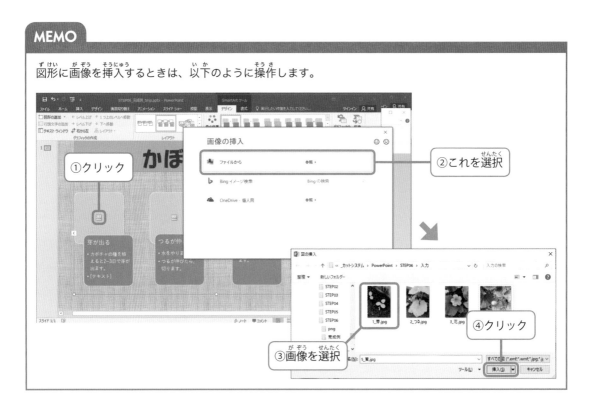

1. 6.1 で作成したスライドをコピーして、下記のように SmartArt を編集しましょう。

＜完成例＞

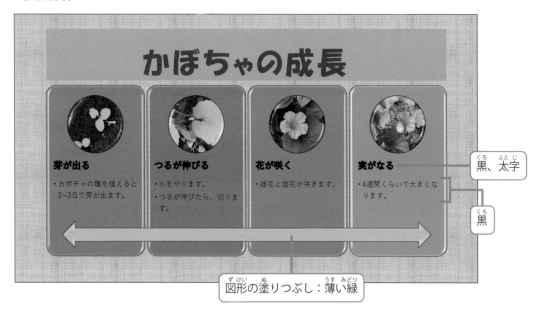

■ **SmartArt の書式**

レイアウト .... 手 順 → 矢印付き画像リスト

色 .... カラフル － アクセント 2 から 3

スタイル .... 立体グラデーション

＜手 順＞

(1) 6.1 で作成したスライドをコピーします。

(2) SmartArt のレイアウトを変更します。

(3) SmartArt の色を変更します。

(4) SmartArt のスタイルを変更します。

(5) 「矢印の図形」を選択し、「塗りつぶしの色」を指定します。

(6) ［ホーム］タブでテキストの書式を指定します。

SmartArtのレイアウト、色、スタイルを変更するときは、SmartArtツールの[デザイン]タブを使用します。

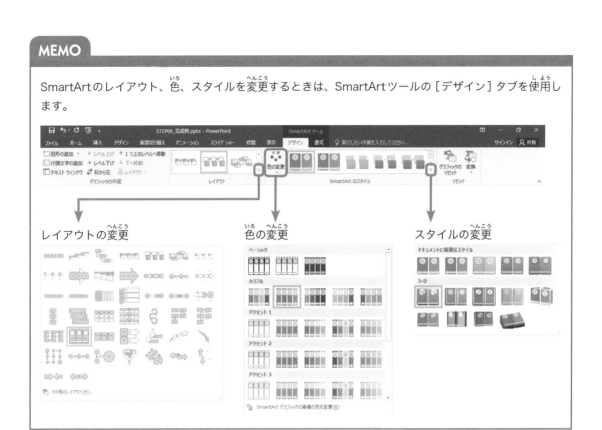

「図形の塗りつぶし」を変更するときは、[書式]タブを使用します。

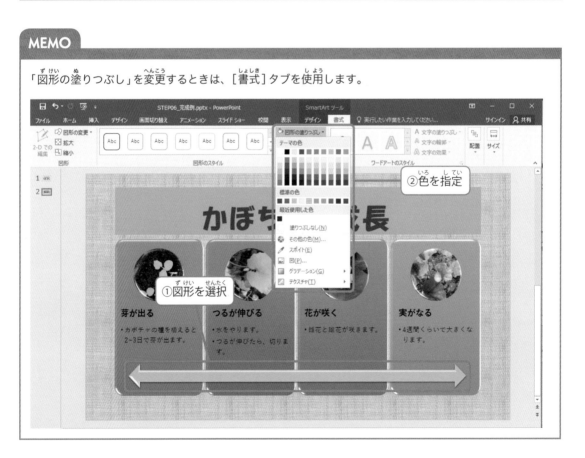

1. 新しいスライドを追加して、次のようなスライドを作成しましょう。

＜完成例＞

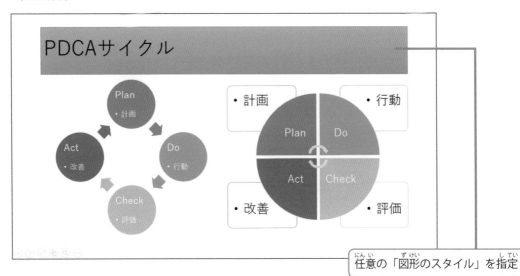

任意の「図形のスタイル」を指定

■左側の SmartArt の書式

レイアウト .... 循環→基本の循環
色 .... カラフル － 全アクセント

■右側の SmartArt の書式

レイアウト .... 循環→循環マトリックス
色 .... カラフル － 全アクセント

＜手順＞

(1) 新しいスライドを挿入します。レイアウトは「2つのコンテンツ」を選択します。

(2) スライドタイトルに「PDCA サイクル」と入力し、[書式] タブを使って「図形のスタイル」を指定します。

(3) それぞれのコンテンツに SmartArt を挿入します。

(4) 以下のテキストを入力し、色を設定します。

・Plan　　　　　　　　　・Check
　　・計画　　　　　　　　　・評価
・Do　　　　　　　　　　・Act
　　・行動　　　　　　　　　・改善

ビデオとオーディオ

Step 07

ここで使用する主なコマンドは下記のとおりです。

7.1　ビデオの利用

1.　「STEP07_入力.pptx」を開き、1枚目のスライドにビデオを挿入しましょう。

　　　＜完成例＞

ビデオ：
かぼちゃの成長.mov

（1）1枚目のスライドを選択し、ビデオを挿入します。

MEMO

スライドにビデオを挿入するときは、以下のいずれかの操作を行います。

・コンテンツの「ビデオの挿入」アイコンをクリックする
・［挿入］タブにある「ビデオ」をクリックする

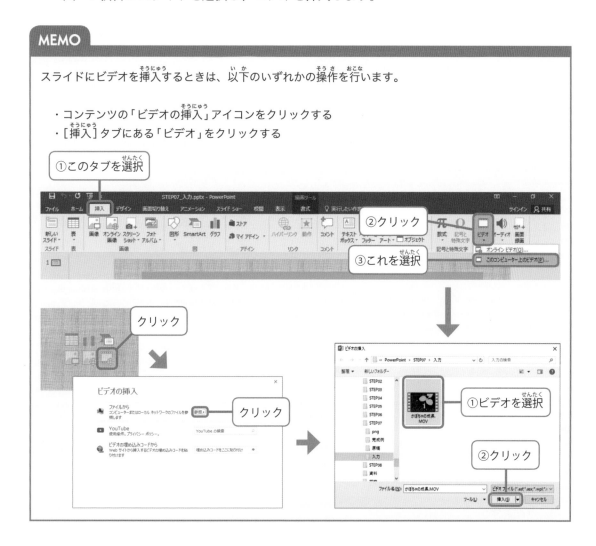

2. スライドに挿入したビデオを編集しましょう（PowerPoint の完成例参照）。

（1）表紙画像に「花.jpg」のファイルを指定しましょう。

（2）任意のビデオスタイルを指定しましょう。

（3）トリミングして、開始時間と終了時間を変更しましょう。

（4）フェードの時間を変更し、開始時と終了時の演出を変更しましょう。

（5）ビデオの開始タイミングを自動にしましょう。

※スライドが表示されるタイミングで再生が始まります。

（6）全画面表示にしましょう。

スライドに挿入したビデオを編集するときは[書式]タブを使用します。

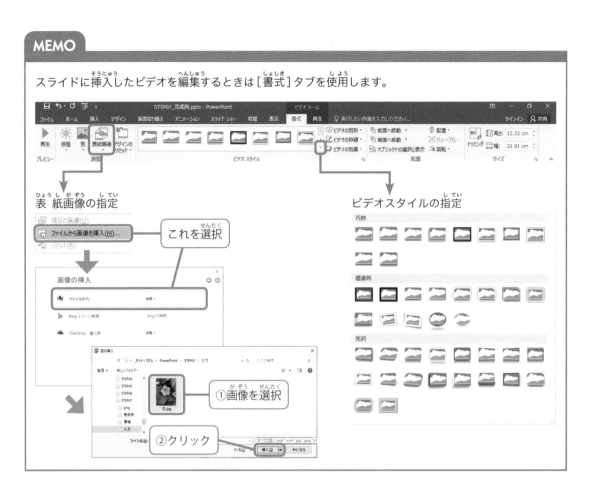

ビデオの再生方法を編集するときは[再生]タブを使用します。

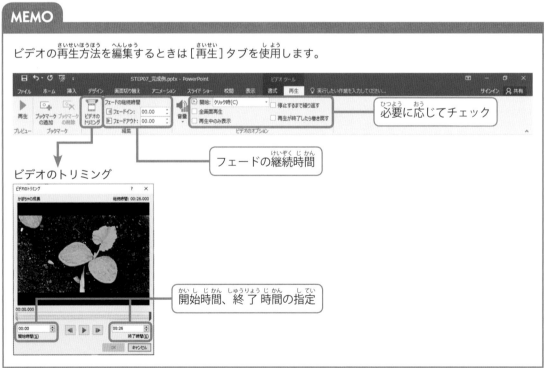

1. 「STEP07_入力.pptx」を開き、2枚目のスライドにオーディオを挿入しましょう。

＜完成例＞

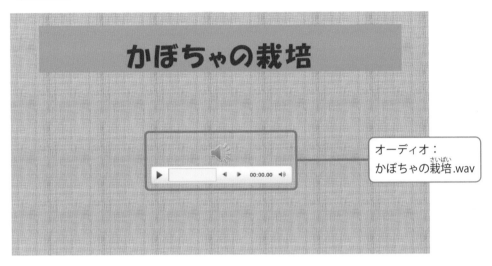

オーディオ：
かぼちゃの栽培.wav

＜手順＞

（1）2枚目のスライドを選択し、オーディオを挿入します。

MEMO

スライドにオーディオを挿入するときは、以下のように操作します。

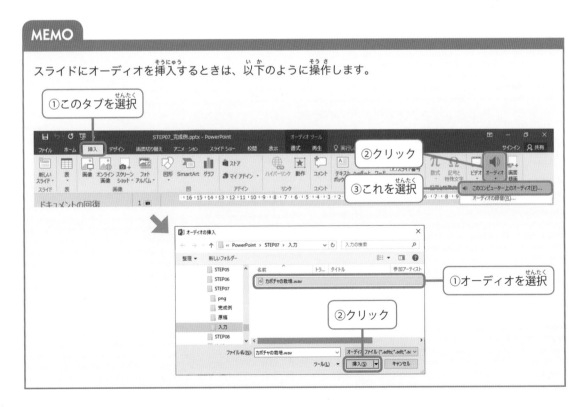

①このタブを選択

②クリック

③これを選択

①オーディオを選択

②クリック

Step 08 アニメーション

ここで使用する主なコマンドは下記のとおりです。

8.1 アニメーションの設定

1. 「STEP08_入力.pptx」を開き、1枚目のスライドに次のようなアニメーションを指定しましょう。

＜完成例＞

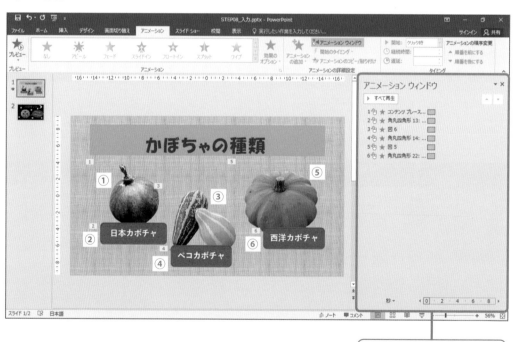

アニメーション ウィンドウ

■指定するアニメーション
「開始：フロートイン」を①～⑥の順番に表示

<手順>

(1) アニメーション ウィンドウを開きます。

(2) 画像や図形を選択し、アニメーションを指定します。
    ※①〜⑥の順番に指定します。

(3) アニメーション ウィンドウで設定を確認します。

(4) プレビューで動作を確認します。
    ※クリックすると、画像が順番に表示されます。

MEMO

アニメーションを指定するときは、以下のように操作します。

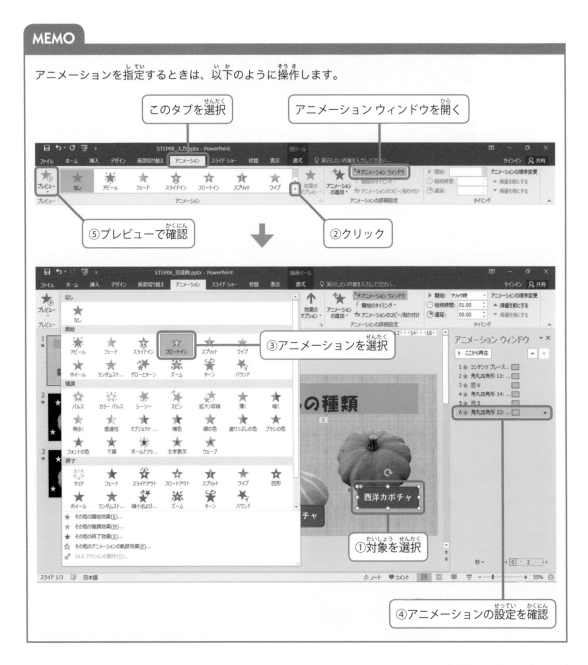

このタブを選択

アニメーション ウィンドウを開く

⑤プレビューで確認

②クリック

③アニメーションを選択

①対象を選択

④アニメーションの設定を確認

1. 「STEP08_入力.pptx」を開き、2枚目にあるスライドに次のようなアニメーションを指
   定しましょう。

   ＜完成例＞

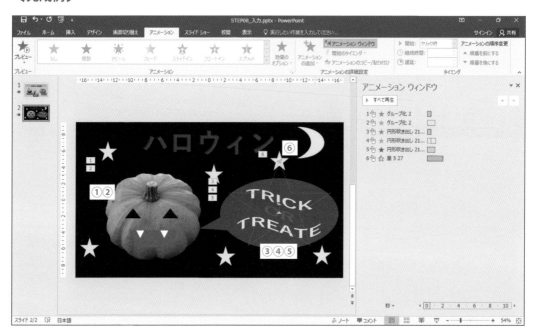

   ■指定するアニメーション

   カボチャ
   　　① 開始：ズーム
   　　② 強調：シーソー

   吹き出し
   　　③ 開始：ズーム
   　　④ 強調：ウェーブ
   　　⑤ 終了：縮小および回転

   星
   　　⑥ アニメーションの軌跡：星5

(1) アニメーション ウィンドウを開きます。

(2) 画像や図形を選択し、アニメーションを指定します。
※①～⑥の順番に指定します。
※ 同じ画像や図形にアニメーションを追加するときは「アニメーションの追加」を
クリックします。

(3) アニメーション ウィンドウで設定を確認します。

(4) スライドショーで動作を確認します。
※クリックすると、順番にアニメーションが動きます。

MEMO

アニメーションを追加するときは、以下のように操作します。

「その他のアニメーションの軌跡効果」を指定するときは、以下のように操作します。

8.3 アニメーションのタイミングと効果

1. 8.2で作成したスライドをコピーし、次のようにタイミングと効果を指定しましょう。

＜完成例＞

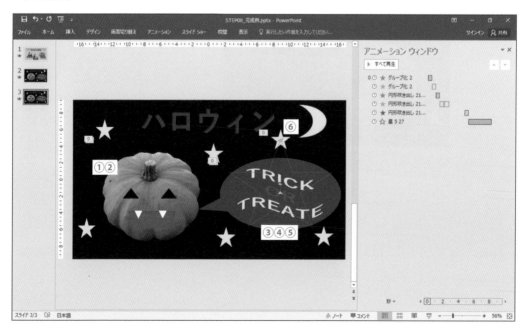

■開始タイミング
　①〜⑥ 直前の動作の後

■効果のオプション
　① サウンド：爆発
　② サウンド：爆発
　③ サウンド：TRICK_OR_TREATE.wav（ファイルより）
　④ 繰り返し：2
　⑤ 遅延：2 秒
　⑥ サウンド：ウィンド、継続時間：3 秒

＜手 順＞

（1） 8.2 で作成したスライドをコピーします。

（2） アニメーション ウィンドウを開きます。

（3） 画像や図形を選択し、タイミングと効果を指定します。

（4） アニメーション ウィンドウで設定を確認します。

（5） スライドショーで動作を確認します。
　　　※アニメーションが自動的に動きます。

MEMO

アニメーションの「開始タイミング」を指定するときは、以下のように操作します。

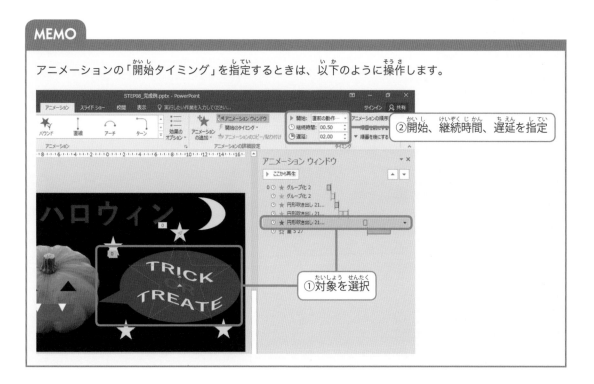

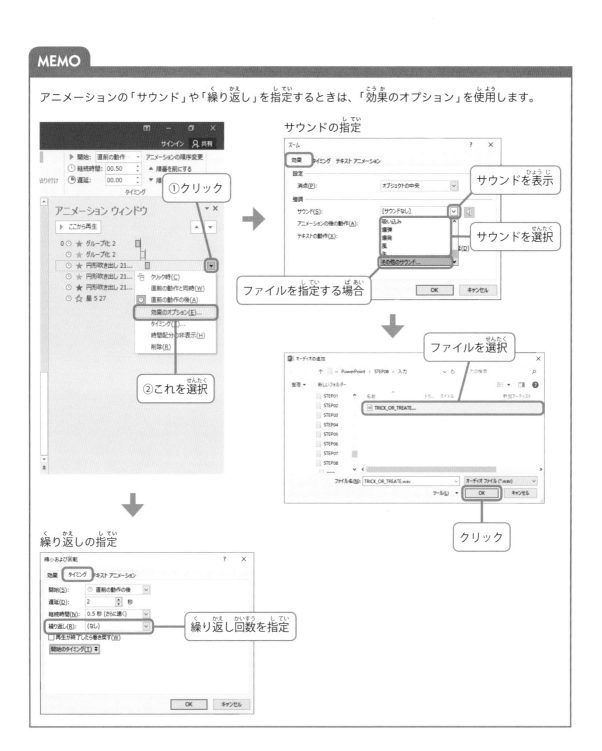

アニメーションの「サウンド」や「繰り返し」を指定するときは、「効果のオプション」を使用します。

サウンドの指定

①クリック

②これを選択

サウンドを表示

サウンドを選択

ファイルを指定する場合

ファイルを選択

クリック

繰り返しの指定

繰り返し回数を指定

1. 「STEP08_入力.pptx」を開き、「カボチャの収穫量」のスライドに次のようなアニメーションを設定しましょう。

＜完成例＞

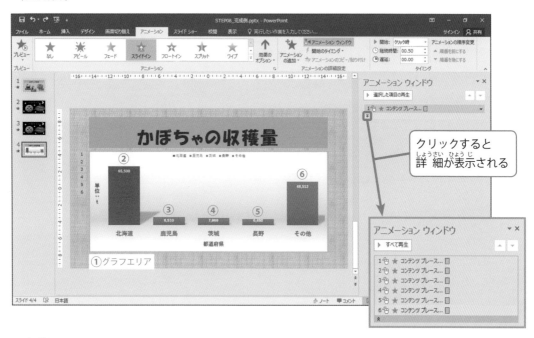

■指定するアニメーション
　開始：フロートイン（①～⑥の順番にアニメーションを設定する）

■効果のオプション
　グループグラフ：系列内の要素別

＜手順＞

(1) アニメーション ウィンドウを開きます。

(2) グラフを選択し、グラフ全体に「開始：フロートイン」のアニメーションを指定します。

(3) 「効果のオプション」を開き、グラフのアニメーション方法（グループグラフ）に「系列内の要素別」を指定します。

(4) アニメーション ウィンドウで設定を確認します。

(5) スライドショーで動作を確認します。

　※クリックすると、グラフが順番に表示されます。

グラフのアニメーション（グループグラフ）を指定するときは、以下のように操作します。

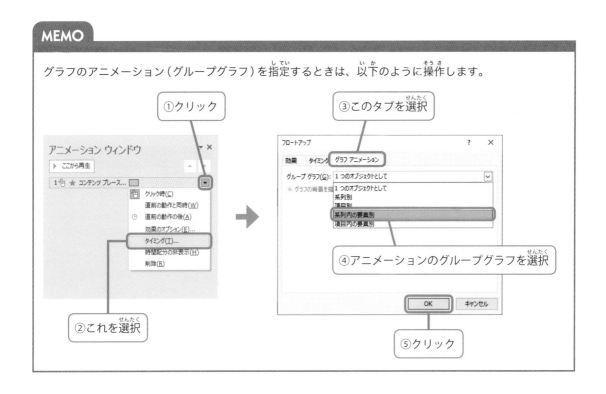

8.5 総合問題

1. 「動物の鳴き声」のスライドに、次のようなアニメーションを設定しましょう。

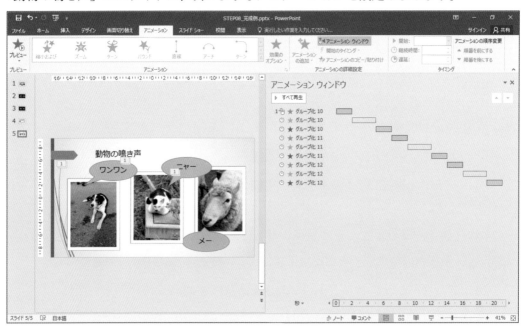

■指定するアニメーション

開始：ターン（継続時間 2 秒）

強調：拡大／縮小（継続時間 3 秒）

犬の写真 .... サウンド：ワンワン .wav

猫の写真 .... サウンド：ニャー .wav

羊の写真 .... サウンド：メー .wav

終了：ターン（継続時間 2 秒）

■開始タイミング：

犬の写真の開始 .... クリック時

それ以外 .... 直前の動作の後

＜手 順＞══════════════════════════════════════

（1）アニメーション ウィンドウを開きます。

（2）「犬の写真」を選択し、「開始：ターン」のアニメーションを指定します。

（3）「犬の写真」を選択し、「強調：拡大／縮小」のアニメーションを追加します。

（4）「効果のオプション」を開き、サウンドを指定します。

（5）続いて、［タイミング］タブを開き、継続時間を指定します。

（6）「犬の写真」を選択し、「終了：ターン」のアニメーションを追加します。

（7）「猫の写真」と「羊の写真」も、(2)〜(6)と同様の手順でアニメーションを指定します。

（8）「犬の写真の開始」以外の開始タイミングを「直前の動作の後」に指定します。

（9）アニメーション ウィンドウで設定を確認します。

（10）スライドショーで動作を確認します。

　　　※クリックすると、アニメーションが順番に表示されます。

Step 09 画面切り替え

ここで使用する主なコマンドは下記のとおりです。

1. 「STEP09_ 入力 .pptx」を開き、次の「画面切り替え」を指定しましょう。

＜完成例＞

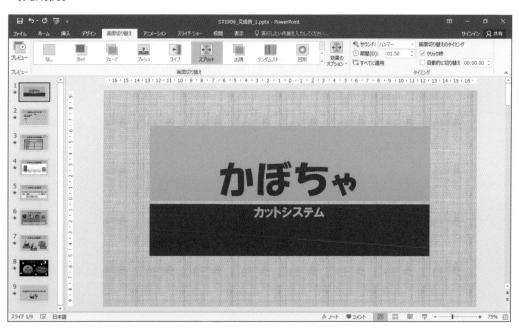

■指定する「画面切り替え」

画面切り替え：スプリット（全てに適用）

サウンド：ハンマー

（1）任意のスライドを選択し、「画面切り替え」で「スプリット」を指定します。

（2）「サウンド」に「ハンマー」を指定し、「すべてに適用」をクリックします。

（3）スライドショーを実行して、「画面切り替え」を確認します。

2. 「画面切り替え」を次のように変更しましょう。

　　　　画面切り替え：観覧車（全てに適用）
　　　　　　　　（タイミング）5秒で自動的に切り替え
　　　　　　　　（サウンド）プッシュ

＜手順＞

（1）任意のスライドを選択し、「画面切り替え」を「観覧車」に変更します。

（2）「サウンド」を「プッシュ」に変更します。続いて、画面切り替えのタイミングを「自動的に切り替え」に変更し、時間は5秒を指定します。

（3）「すべてに適用」をクリックします。

（4）スライドショーを実行して、「画面切り替え」を確認します。

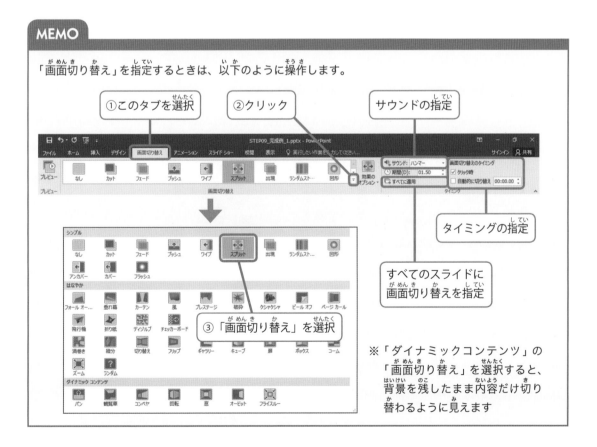

MEMO

「画面切り替え」を指定するときは、以下のように操作します。

①このタブを選択　②クリック　サウンドの指定

③「画面切り替え」を選択

タイミングの指定

すべてのスライドに画面切り替えを指定

※「ダイナミックコンテンツ」の「画面切り替え」を選択すると、背景を残したまま内容だけ切り替わるように見えます

Step 10 スライドのデザイン

ここで使用する主なコマンドは下記のとおりです。

10.1 デザインの指定

1. 「STEP10_入力.pptx」を開き、次のようにデザインを指定しましょう。

＜完成例＞

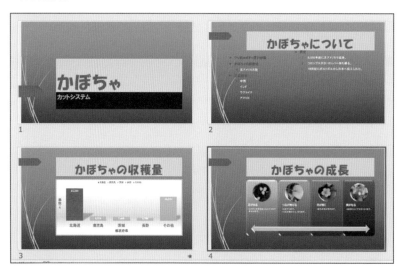

■指定するデザイン

テーマ	ウィスプ
配色	赤味がかったオレンジ
フォント	Arial、MS P ゴシック
効果	光沢
背景のスタイル	スタイル7（グラデーション）
背景の塗りつぶし	任意のグラデーションの色（すべてに適用）

（1） プレゼンテーションの表示を「スライド一覧」に切り替えます。

（2） 完成例を参考にスライドのデザインを指定します。

（3） スライドショーを実行して、デザインを確認します。

2. スライドのデザインを自由に変更してみましょう。

MEMO

画面を「スライド一覧」に切り替えるときは、以下のアイコンをクリックします。

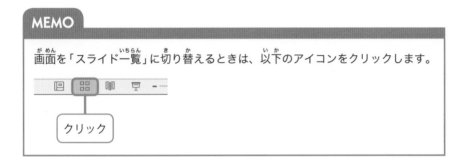

クリック

MEMO

スライドのデザイン（テーマ）を指定するときは、以下のように操作します。

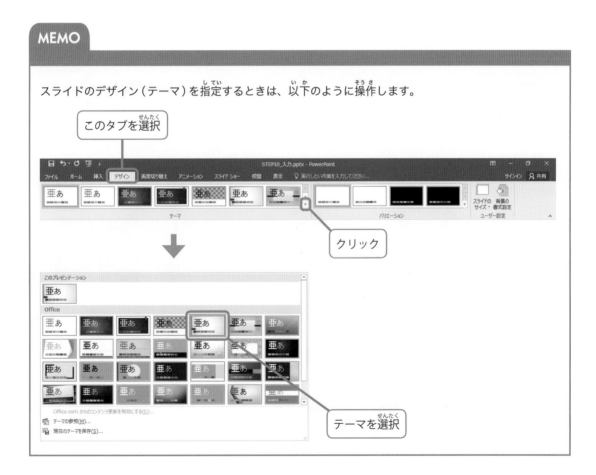

このタブを選択

クリック

テーマを選択

配色、フォント、効果、背景のスタイルを指定するときは、以下のように操作します。

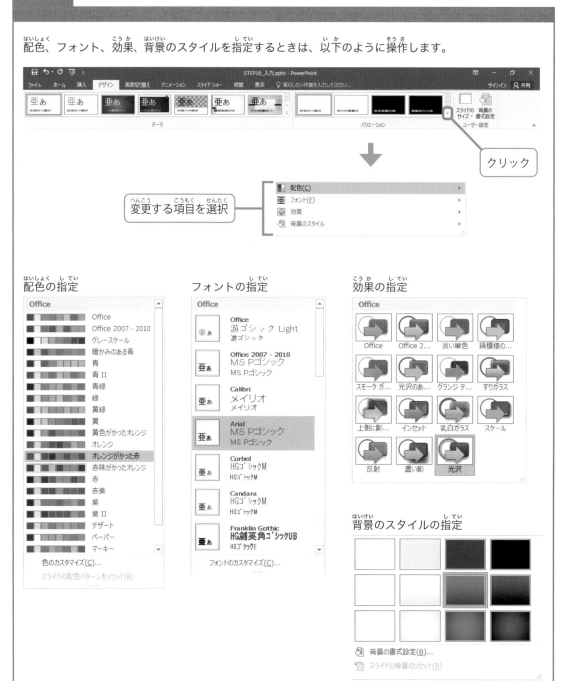

MEMO

背景の「塗りつぶし」をグラデーションにするときは、以下のように操作します。

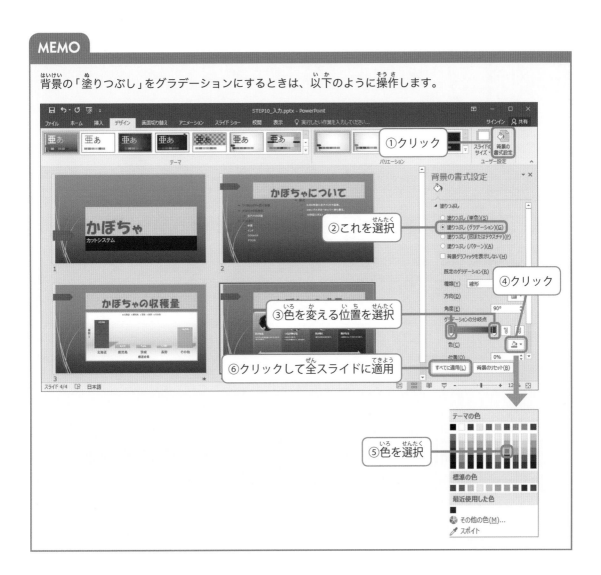

MEMO

スライドのサイズ（縦横の比率）を変更するときは、以下のように操作します。スライドのサイズを変更すると、スライドの内容は自動的にサイズ調整されます。

※初期設定では「ワイド画面」が選択されています。

ここで使用する主なコマンドは下記のとおりです。

11.1 ノートの作成

1. 「STEP11_入力.pptx」を開き、ノートに発表用の原稿を入力しましょう。

＜完成例＞

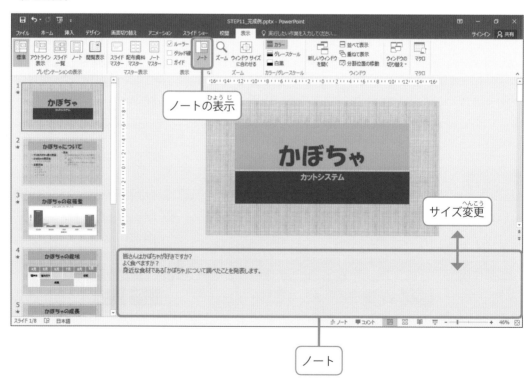

＜手順＞

（1）画面に「ノート」を表示します。

(2) 各スライドのノートに以下の文章を入力します。

1枚目： 皆さんはかぼちゃが好きですか？

よく食べますか？
身近な食材である「かぼちゃ」について調べたことを発表します。

2枚目： カボチャについて簡単に説明します。

・ ウリの仲間
・ 中国の生産が一番多い
・ 8,000 年前に北アメリカで栽培されていたらしい。

16世紀にコロンブスがヨーロッパへ持ち帰り、その後、各国へ広がった。

3枚目： かぼちゃの収穫量のグラフです。収穫量は北海道が1番で、約6万5千5
百トンです。
2位の鹿児島は8千5百トンなので、だいたい8倍くらいです。

4枚目： かぼちゃは比較的育てやすい植物です。種をまくと、すぐに芽が出ます。
花はたくさん咲きます。4週間くらいで食べられるようになります。

5枚目： かぼちゃの種類です。日本で食べているのは、日本かぼちゃです。
色々な形のペコカボチャや西洋カボチャは飾りで、食用ではありません。

6枚目： これで終わりです。ご清聴ありがとうございました。

2. 画面表示を「ノート」に切り替えて、ノートの書式を変えてみましょう。

＜完成例＞

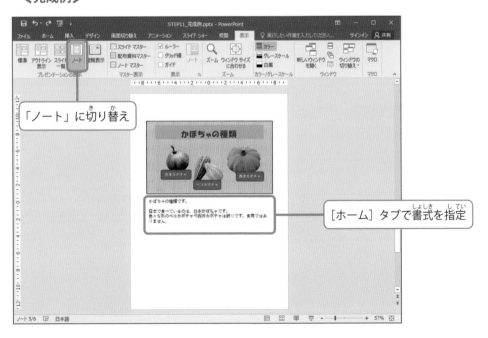

＜手順＞

(1) ［表示］タブにある「プレゼンテーション表示」グループの「ノート」をクリックし、画面表示を「ノート」に切り替えます。

(2) ［ホーム］タブにある「フォント」グループで文字の書式を指定します。

3. スライドとノートを印刷しましょう。

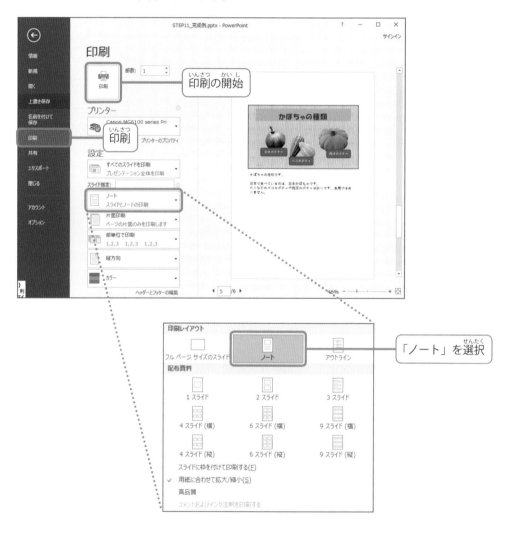

＜手順＞

(1) ［ファイル］タブで「印刷」を選択します。

(2) 印刷レイアウトで「ノート」を指定します。

(3) 「印刷」ボタンをクリックします。

1. 「STEP11_入力.pptx」を開き、「ヘッダー」、「フッター」、「日付」、「スライド番号」を指定しましょう。

＜完成例1＞ スライド

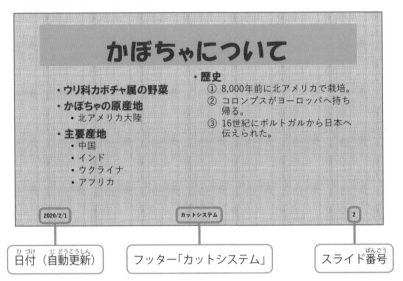

日付（自動更新）　　フッター「カットシステム」　　スライド番号

＜完成例2＞ 配布資料（1スライド）

ヘッダー「かぼちゃ」　　　　　　日付（自動更新）

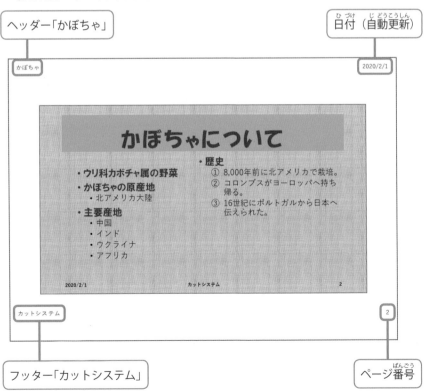

フッター「カットシステム」　　　　　ページ番号

（1）［挿入］タブにある「ヘッダーとフッター」をクリックします。

（2）［スライド］タブで、日付と時刻、スライド番号、フッター：「カットシステム」を指定します。

※「タイトル スライドに表示しない」をチェックします。

（3）［ノートと配布資料］タブで、日付と時刻、ページ番号、ヘッダー：「かぼちゃ」、フッター：「カットシステム」を指定します。

※「すべてのページ」に適用します。

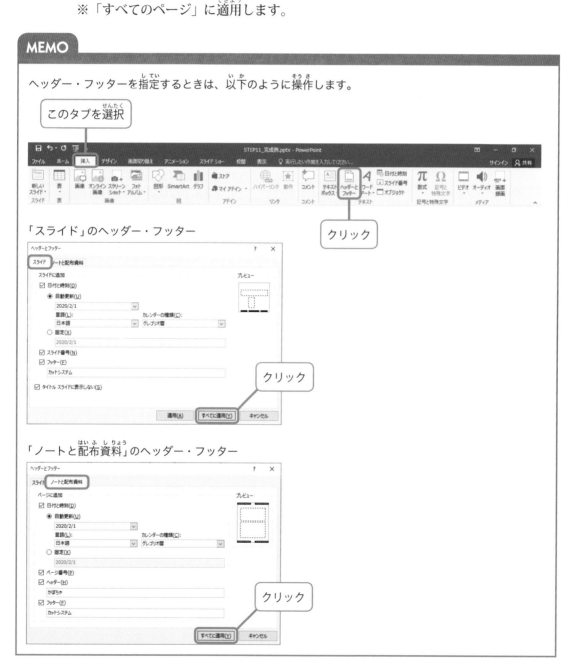

MEMO

ヘッダー・フッターを指定するときは、以下のように操作します。

このタブを選択

クリック

「スライド」のヘッダー・フッター

クリック

「ノートと配布資料」のヘッダー・フッター

クリック

1. 「STEP11_入力 .pptx」を開き、配布用の資料を印刷しましょう。

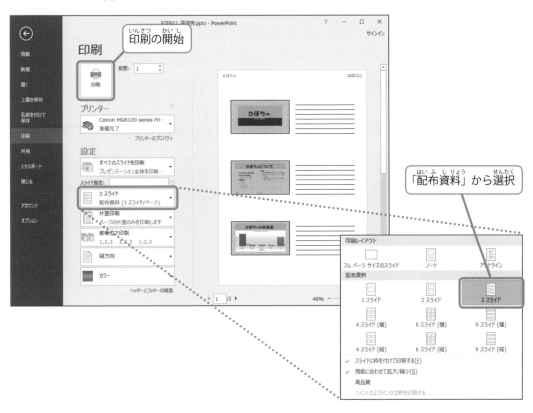

<手 順>

（1）「ファイル」タブで「印刷」を選択します。

（2）レイアウトに「配布資料」の「3 スライド」を指定します。

（3）「印刷」ボタンをクリックします。

MEMO

配布資料では、いろいろなレイアウトを指定できます。
以下は例です。

1スライド
（横方向）

6スライド
（縦方向）

スライドショーの操作<ruby>操作<rt>そう さ</rt></ruby>

ここで使用<rt>しよう</rt>する主<rt>おも</rt>なコマンドは下記<rt>か き</rt>のとおりです。

12.1 スライドショーの実行<rt>じっこう</rt>

1. 「STEP12_入力<rt>にゅうりょく</rt>.pptx」を開<rt>ひら</rt>き、スライドショーの操作<rt>そう さ</rt>を確認<rt>かくにん</rt>しましょう。

スライドショーの実行<rt>じっこう</rt>

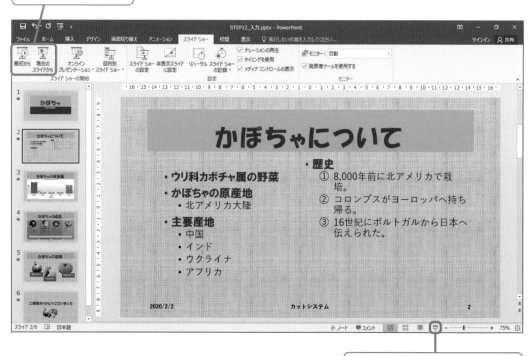

または、このアイコンをクリック

（1）［スライドショー］タブを選択し、「最初から」または「現在のスライドから」をクリックします。

（2）［Enter］キーで次のスライドに移動します。

（3）［Esc］キーを押すと、途中で中断します。

12.2 目的別スライドショー

1. 「STEP12_入力.pptx」を開き、目的別スライドショーの操作を確認しましょう。

＜完成例＞

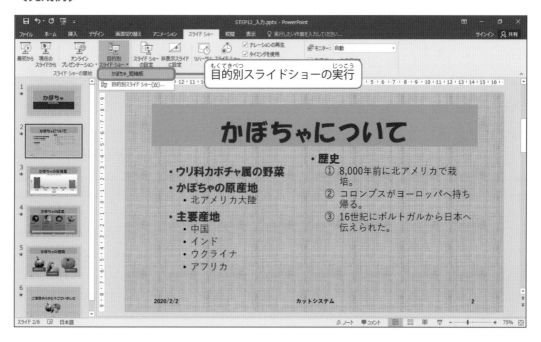

＜手順＞

（1）「スライドショー」タブにある「目的別スライドショー」をクリックします。

（2）1枚目、2枚目、5枚目のスライドを選択し、「かぼちゃ_短縮版」という名前で目的別スライドショーを作成します。

（3）手順（2）で作成した目的別スライドショーを実行します。
　　※選択したスライドだけが表示されることを確認します。

目的別スライドショーを作成するときは、以下のように操作します。

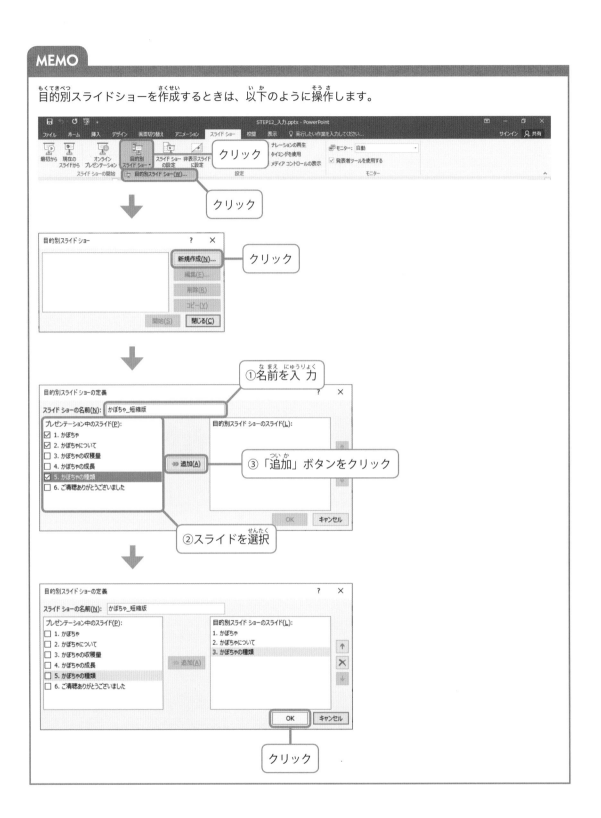

1. 「STEP12_入力.pptx」を開き、非表示スライドの操作を確認しましょう。

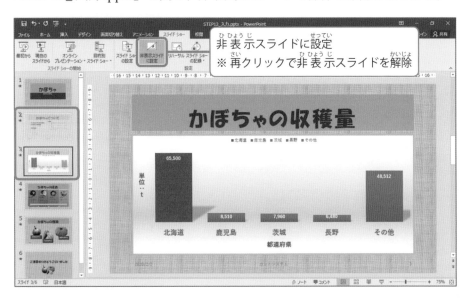

(一覧表示)

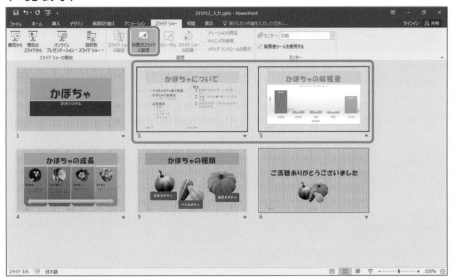

＜手順＞

（1）2枚目、3枚目のスライドを選択し、非表示スライドに設定します。

（2）スライドショーを実行し、非表示スライドが表示されないことを確認します。

（3）2枚目、3枚目の非表示スライドを解除します。

（4）スライドショーを実行し、すべてのスライドが表示されることを確認します。

1. 「STEP12_入力.pptx」を開き、発表者ツールの操作を確認しましょう。

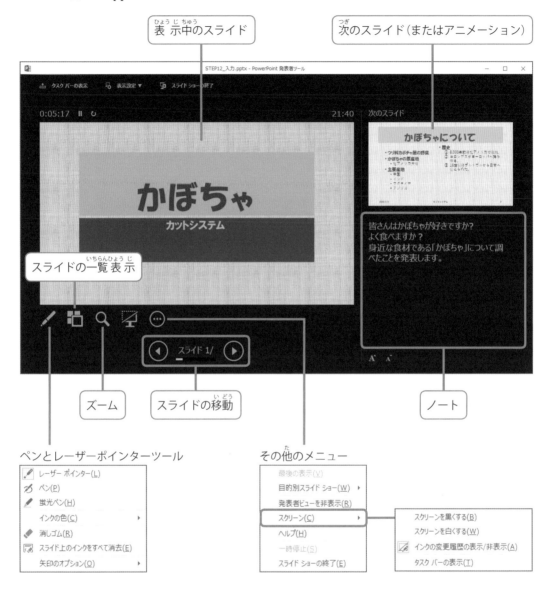

表示中のスライド

次のスライド（またはアニメーション）

スライドの一覧表示

ズーム

スライドの移動

ノート

ペンとレーザーポインターツール

その他のメニュー

＜手順＞

（1）［スライドショー］タブにある「発表者ツールを使用する」をチェックします。

（2）［Alt］キーを押しながら［スライドショー］タブにある「最初から」または「現在のスライドから」をクリックし、スライドショーを実行します。

（3）次のスライドへ移動していきます。

（4）スライドを一覧表示にして、表示したいスライドを選択します。

(5)「ペンとレーザーポインターツール」を使いましょう。

　　①「レーザーポインター」を使って、スライド内の画像や文字をポイントします。

　　②「ペン」を使って、スライド上に何か書いてみます。左ボタンを押しながらマウスを動かします。

　　③「蛍光ペン」を使って、スライド上に何かを書いてみます。

　　④「インクの色」を変えてみます。

　　⑤「消しゴム」を使って、ペンまたは蛍光ペンで書いたものを消します。

　　⑥「スライド上のインクをすべて消去」を選択して、書いたものをすべて消します。

(6)「ズーム」を使って、画面の一部を拡大してみます。その後、「Esc」キーを押して、元の表示に戻します。

(7)「その他のメニュー」を使って、スクリーンを黒くしてみます。「Esc」キーを押すと、元の表示に戻ります。

MEMO

「ペンとレーザーポインターツール」と「ズーム」を使用した例を以下に示します。

ペンとレーザーポインターツール

ズーム

Step 13 総まとめ

そう

このステップでは、これまでに学んだことを使って、いろいろなテーマでプレゼンテーションを作成し、実際に発表してみましょう。

13.1 観光地を紹介するプレゼンテーション

1. 観光地などについて調べたことを発表しましょう。

   ※この例では、「ビジネス」のテンプレートを使用し、グラフアニメーションを指定しています。

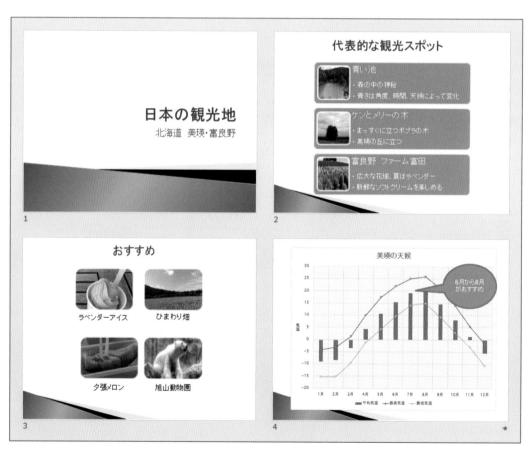

1. 料理や折り紙などの作り方のプレゼンテーションを作成しましょう。

　※この例では、「アニメーション」や「画面切り替え」を使って動きのあるプレゼンテーションにしています。

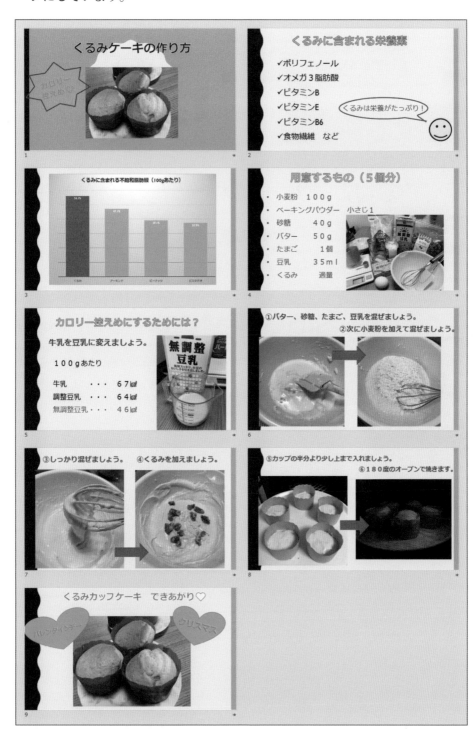

13.3 お店を紹介するプレゼンテーション

1. お気に入りのお店を紹介するプレゼンテーションを作成しましょう。

   ※この例では、スライドに動画を挿入しています。

1. 好きな写真を使ってフォトアルバムを作成しましょう。

   ※ この例では、ハイパーリンクを使ってフォトアルバムを表示しています。

クリックするとフォトアルバムが開く
（フォトアルバムへのハイパーリンクを指定）

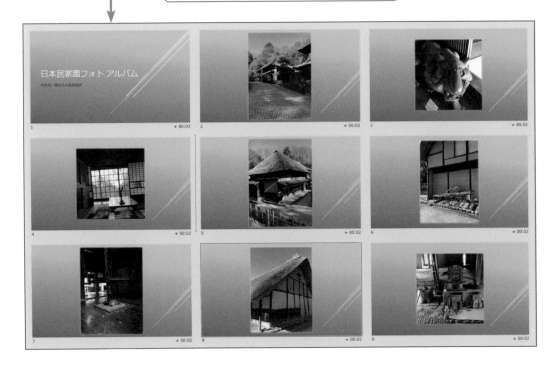

フォトアルバムを作成するときは、以下のように操作します。

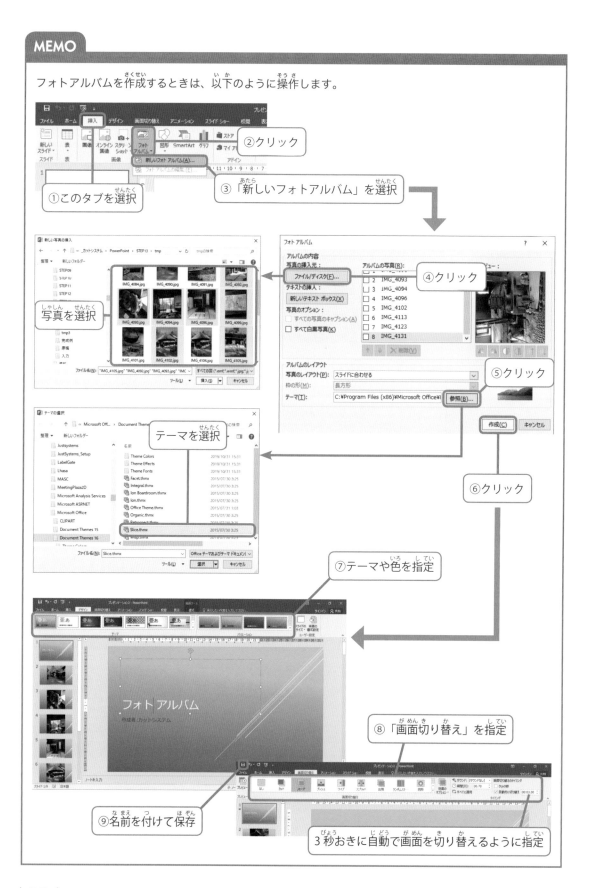

ハイパーリンクを指定するときは、以下のように操作します。

※「このドキュメント内」を選択すると、現在のファイル内にあるスライドへリンクできます。

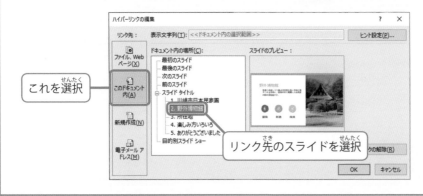

1. スライドマスターを使用して、オリジナルのデザインを設定しましょう。このサンプルは、「ゴミ出しカレンダー」と「普通ごみ」「缶 / ビン」「ミックスペーパー」のスライドに、それぞれハイパーリンクを設定しています。

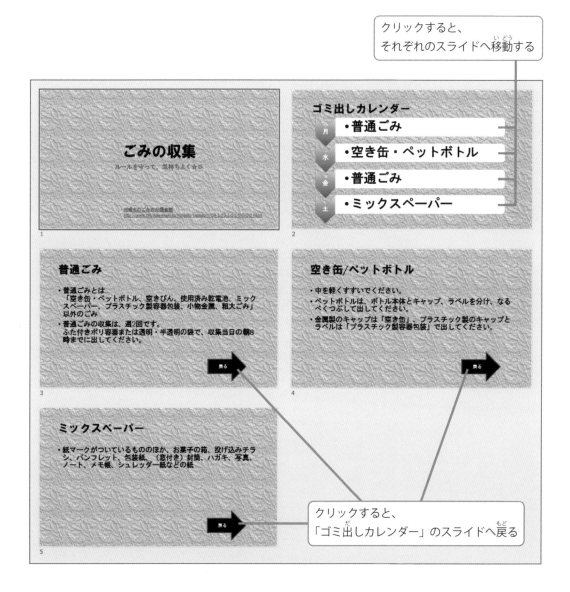

クリックすると、
それぞれのスライドへ移動する

クリックすると、
「ゴミ出しカレンダー」のスライドへ戻る

スライドマスターは、プレゼンテーションのデザインを管理します。プレースホルダーの書式、配置、箇条書き、スライドのテーマや背景、効果、ヘッダー・フッターなどのデザインを指定します。以下は、サンプルのスライドマスターの設定方法です。

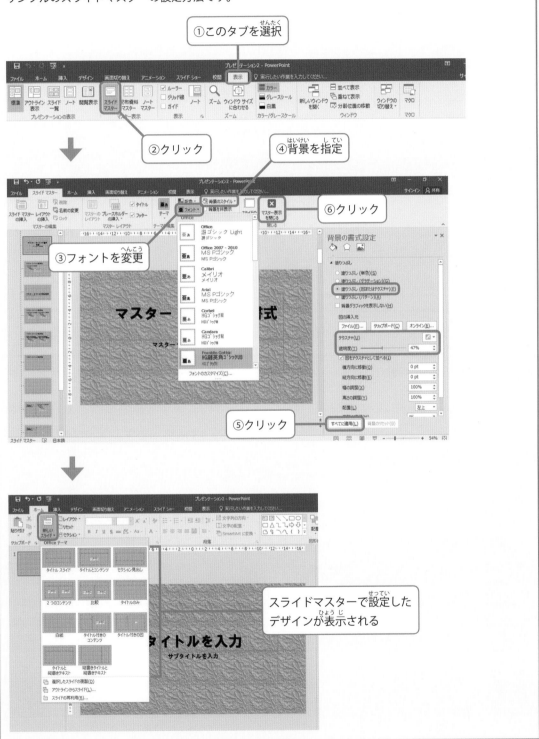

①このタブを選択

②クリック

④背景を指定

⑥クリック

③フォントを変更

⑤クリック

スライドマスターで設定したデザインが表示される

スライドマスターのほかに、配布資料マスターとノートマスターがあります。配布資料マスターでは、配布資料を印刷するときのデザインを指定します。

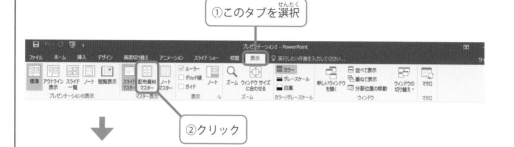

①このタブを選択

②クリック

③配布資料のデザインを指定

④クリック

・用紙の向き、1枚あたりのスライドの数
・ヘッダー・フッター、日付、ページのサイズと位置
・テーマ、背景
などを指定します。

※ この例では「用紙の向き」を横にして、フォントを変更し、背景に「薄い水色」を指定しています。

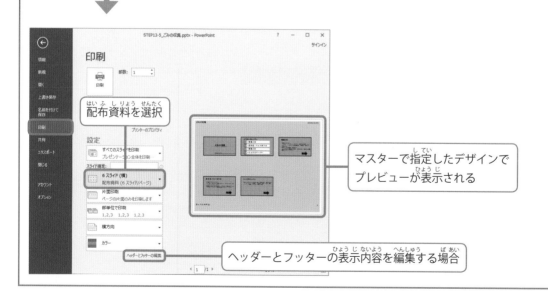

配布資料を選択

マスターで指定したデザインでプレビューが表示される

ヘッダーとフッターの表示内容を編集する場合

ノートマスターでは、ノートを印刷するときのデザインを指定します。

①このタブを選択

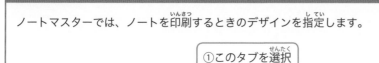

②クリック

④クリック

③ノートのデザインを指定

・スライドのサイズと位置
・ノートの書式
・ヘッダー・フッター、日付、ページの
　書式、サイズ、位置
などを指定します。

※この例ではフォントを変更して、背景
　に「薄い緑色」を指定しています。

ノートを選択

マスターで指定したデザインで
プレビューが表示される

◆Memo◆

◆Memo◆

ご質問がある場合は・・・

本書の内容についてご質問がある場合は、本書の書名ならびに掲載箇所のページ番号を明記の上、FAX・郵送・Eメールなどの書面にてお送りください（宛先は下記を参照）。電話でのご質問はお断りいたします。また、本書の内容を超えるご質問に関しては、回答を控えさせていただく場合があります。

新刊書籍、執筆陣が講師を務めるセミナーなどをメールでご案内します

登録はこちらから

http://www.cutt.co.jp/ml/entry.php

情報演習 46

留学生のためのPowerPointドリルブック

2020年5月10日　初版第1刷発行

著　者	横浜日本語倶楽部
発行人	石塚 勝敏
発　行	株式会社 カットシステム
	〒169-0073 東京都新宿区百人町4-9-7　新宿ユーエストビル8F
	TEL　（03）5348-3850　　FAX　（03）5348-3851
	URL　http://www.cutt.co.jp/
	振替　00130-6-17174
印　刷	シナノ書籍印刷 株式会社

本書に関するご意見、ご質問は小社出版部宛まで文書か、sales@cutt.co.jp宛にe-mailでお送りください。電話によるお問い合わせはご遠慮ください。また、本書の内容を超えるご質問にはお答えできませんので、あらかじめご了承ください。

Cover design Y.Yamaguchi　　　　　　　　　　Copyright©2020　横浜日本語倶楽部
Printed in Japan　ISBN 978-4-87783-799-0

30ステップで基礎から実践へ！ ステップバイステップ方式で確実な学習効果をねらえます

留学生向けのルビ付きテキスト（漢字にルビをふってあります）

ローマ字一覧

あ行

あ	A	
い	I	
う	U	
え	E	
お	O	
ぁ	X	A
ぃ	X	I
ぅ	X	U
ぇ	X	E
ぉ	X	O

か行

か	K	A
き	K	I
く	K	U
け	K	E
こ	K	O
きゃ	K	Y	A
きゅ	K	Y	U
きょ	K	Y	O

さ行

さ	S	A
し	S	I
す	S	U
せ	S	E
そ	S	O
しゃ	S	Y	A
しゅ	S	Y	U
しょ	S	Y	O

た行

た	T	A
ち	T	I
つ	T	U
て	T	E
と	T	O
ちゃ	T	Y	A
ちゅ	T	Y	U
ちょ	T	Y	O

な行

な	N	A
に	N	I
ぬ	N	U
ね	N	E
の	N	O
にゃ	N	Y	A
にゅ	N	Y	U
にょ	N	Y	O

は行

は	H	A
ひ	H	I
ふ	H	U
へ	H	E
ほ	H	O
ひゃ	H	Y	A
ひゅ	H	Y	U
ひょ	H	Y	O

ま行

ま	M	A
み	M	I
む	M	U
め	M	E
も	M	O
みゃ	M	Y	A
みゅ	M	Y	U
みょ	M	Y	O